식물성의 유혹

식물성의 유혹

사진 들린 영화

유운성 지음

VOSTOK PRESS

일러두기

『 』 : 단행본
「 」 : 기사, 글
《 》 : 영화, TV 드라마, 신문, 잡지
〈 〉 : 작품, 인터넷 사이트

서문

사진과 영화가 불가분의 관계에 있다고 믿던 야만적 즐거움의 시대가 있었다. 영화는 초당 24장의 사진을 스크린에 영사하는 매체로 간주되던 시절의 이야기다. 영화를 구성하는 이런 사진들을 프레임이라고 부르곤 했다. 오늘날 영상 매체를 다루는 이들도 프레임이라든지 FPS(초당 프레임 수) 같은 용어들을 여전히 쓰고는 있지만 약간의 기술적 이해만 있으면 이런 용어들이 더는 예전과 같은 뜻을 지니고 있지 않다는 것쯤은 금방 알 수 있다. 이 용어들이 가리키던 대상이나 과정은 사라졌음에도 어쨌거나 용어들이 남아 있어 사라짐이 은폐되는 것이다. 우리는 화폐라는 말을 여전히 쓰고 있지만 오늘날의 화폐는 조개(貨)나 비단(幣)과는 아무런 관련도 없다. 심지어 이 말이 조개와 비단에서 비롯되었다는 사실을 아는 이도 거의 없다. 물론 이런 완벽한 사라짐이야말로 기원의 자리에 걸맞은 것이다.

다른 의미에서, 사진과 영화는 이제 화폐와 동일한 기반에 놓이게 되었다고 말하는 이들도 있다. 픽셀 또는 비트가 그것이다. 하지만 그런 것(이라기보다는 개념)을 과연 기반이라고 할 수 있을까? 하지만 물질적·기술적 기반에 대한 고찰만으로 사진과 영화의 관계를 다룬다는 것은 불가능하다. 설령

가능하다 해도 그런 고찰에서 나오는 것은 빈약하기 짝이 없는 시시한 결론들밖에는 없을 터다. 영화가 초당 24장의 사진으로 구성되건, 사진이나 영화가 모두 픽셀과 비트의 조합물이건, 이는 우리가 사진과 영화를 실제로 지각하는 경험적 차원과는 거의 상관이 없다. 이는 조개에 관한 과학적 연구가 고대의 화폐 문화를 이해하는 일에, 픽셀과 비트에 관한 수학적·공학적 연구가 오늘날의 자본주의를 이해하는 일에 아무런 도움도 되지 않는 것과 마찬가지다. 왜 그럴까?

베르그송의 통찰을 나름대로 빌려 말하자면, 사진과 영화가 우리에게 제시하는 것은 지극히 물질적이지만, 어디까지나 사물과 표상 사이에 있는 존재로서의 이미지라는 점에서 그렇기 때문이다. 이런 이미지는 그것을 종이, 필름, 스크린, 모니터 등의 물질적 기반으로 환원하려 들면 돌연 정신적 차원을 드러내고, 그것을 정신적 실체로 환원하려 들면 엄연한 물질적 현존으로 저항하곤 한다. 사진과 영화의 관계를 묻는다는 것은 이처럼 이중적인 특성을 띤 두 대상, 게다가 인접해 있는 것처럼 보여도 실은 매우 이질적인 두 대상의 관계를 묻는다는 뜻이다. 따라서 고찰의 까다로움은 배가된다. 그러한 관계 자체가 물질적인 동시에 정신적인 특성을 띠기 때문이다. 이런 특성을 띤 대상 또는 관계에 대해서 우리는 속성들의 집합을 구성할 수 없다.

가령, 서로 다른 사람(들)과 사람(들)이 관계 맺는 방식들 가운데 하나인 게임에 대해 생각해 보자. 게임이란 무엇인가? 축구·야구·농구·배구 같은 구기와 권투·레슬링·유도·주 짓수 같은 격투기, 바둑·장기·체스나 고스톱·포커·마작 그리 고 컴퓨터로 온라인상에서 플레이하는 리그오브레전드·오버 워치·디아블로 등 일정한 규칙을 정해 두고 승부를 겨루는 행 위를 우리는 모두 게임이라고 부른다. 그런데 이 모든 행위를 가로지르는 공통의 속성은 무엇인가? 속성을 규정하지 못하 는 상태에서 우리는 게임이라는 대상에 어떻게도 분석적으로 접근할 수 없다. 하지만 우리 대부분은 위에 언급한 행위들을 그리 어렵지 않게 게임이라는 용어로 포괄해 이해할 수 있다. 이런 이해는 어떻게 이루어지는가? 게임이라 불리는 행위들 의 공통적 속성을 먼저 파악한 뒤 각각의 사례를 검토하는 방 식이 아니라, 축구를 하거나 바둑을 두거나 리그오브레전드를 관전하는 등 개별적이고 구체적인 수행을 반복하는 과정을 통해서다.

이 책이 사진과 영화의 관계를 탐색하는 방식이 바로 이 와 같다. 나는 사진과 영화 각각의 존재론으로부터 출발해 그 둘의 연관을 따져보기보다는 마치 귀신 들리듯 사진 들린 영 화들을 찾아다니며 산책하고 싶었다. 에세이란 이러한 산책자 의 움직임을 가리키는 것이라면, 이 책이 염두에 두고 있는 것 은 분석적 접근을 허용하지 않는 대상에 접근하기 위한 방법 으로서의 에세이다. 에세이는 판단을 위한 보편적 규칙이 일 반적으로 결여되어 있는 이질적 대상들에 대한 관찰·비교·단 상·주석의 장르라고 보는 리오타르를 따르면 말이다. 아도르

노는 에세이의 진정한 주제는 자연과 문화가 환원 불가능할 정도로 얽힌 '이차적 자연'—다시 베르그송을 떠올려 보면, 사물과 표상 사이에 있는, 물질로서의 이미지가 여기 해당하겠다—에 있다고 주장하면서, 절차에 있어서는 과학적이고 방법에 있어서는 철학적인 에세이의 가능성을 시사한 바 있다.

이 책의 초안이 된 것은 2017년 5월부터 2021년 3월까지 사진잡지 《보스토크》에 '스톱-모션'이라는 제목으로 연재했던 글들이다. 하지만 한 권의 단행본으로 구성을 잡으면서 몇 개의 주요 토픽에 따라 글들을 분류하고 전체적으로 다시 쓰다시피 했다. 그 과정에서 원래의 글에서 일부만 활용하거나 다른 지면에 발표했던 글을 활용하기도 했고 어떤 부분은 완전히 새로 쓰기도 했다. 그리고 칼럼에 발표되었던 글이라 해도 이 책에서 염두에 둔 토픽과 어울리지 않거나 무관하다고 생각되는 글은 아예 활용하지 않았다.

자발적으로 탄생하는 책은 없다. 이 책 역시 보스토크 프레스 편집진의 제안과 격려가 없었다면 세상에 나올 수 없었을 것이다. 정기적으로 글을 쓰도록 지면을 마련해준 김현호 발행인, '스톱-모션'이라는 칼럼 제목을 제안하고 언제나 정중하고 절제된 압력을 행사해 꼬박꼬박 마감일을 각인해준 박지수 편집장 두 분께 깊이 감사드린다. 두 분은 내 글에 따뜻하면서도 날카로운 논평을 해 주는 최선의 독자이기도 하다. 때로 어쩐지 글을 성급하게 마무리 지었다 싶으면 엄하게 잘못된 부분을 지적하며 글 전체를 다시 쓰게도 하는 김미경에게는 항상 고마운 마음이다. 책의 몇몇 부분에 필요한 아이디어를 글과 말로 나누어 주신 강상우 감독님, 김수환 선생님, 김신욱 작가님, 서동진 선생님, 신은실 평론가님, 이윤영 선생님께도 깊이 감사드린다.

이 책을 읽는 독자들은 은밀히 저자를 사로잡고 있는 강박이 우리 시대에 걸맞은 픽션의 가능성이라는 점을 어렵지 않게 알아차릴 수 있을 것이다. 그저 픽션일 뿐임을 당신이 알고 있는 픽션에 대한 믿음이야말로 지고의 믿음이라는, 시인 월리스 스티븐스의 유명한 말을 본문에서 한 번도 언급하지 않은 것은 바로 그 강박을 은밀한 채로 남겨두고 싶어서였다. 하지만 서문이 딸린 책은 결국 이런 은밀함을 허용하지 않는 법이다.

2023년 8월 7일
유운성

1

얼굴 없는 표면

[사진 1]

2013년 여름, 나는 편집위원으로 참여하고 있던《인문예술잡지 F》제10호 특집을 꾸리면서 몇몇 국내외 영화감독들에게 연락을 취한 적이 있다. 특집의 주제는 '우정이란 무엇인가?'였다. 감독들에게 나는 우정의 관념이 가장 잘 드러나 있다고 생각하는 이미지를 하나 고르고, 그것을 고른 이유를 적어 보내 달라고 부탁했다. 당시 다른 편집위원들에게 밝히지는 않았던 것으로 기억하는데, 그 특집의 주제는 분명 개인적인 이유에서, 솔직히 말하자면 무척이나 사사로운 동기에서 비롯된 것이었다. 지금 돌이켜 보면 민망한 구석도 없지 않고 사사로운 것은 사사로운 채로 남아 있을 때나 유용하다는 생각이 들기도 해서, 굳이 여기에 그 동기를 구구절절 밝혀 글을 번잡하게 만들고 싶지는 않다. 여하간, 그때 아르헨티나 영화감독 마티아스 피녜이로가 보내준 회신은 사진, 영화 그리고 삶 사이의 관계에 대해 이것저것 생각하게 하는 기묘한 것이어서 이따금 떠올려 보곤 한다(사진 1).

이것은 무엇을 찍은 사진인가? 이 사진에서 우리가 볼 수 있는 것은 무엇인가? 알파벳 'M'자 비슷한 문양이 있는 달걀 형태의 사물이 눈에 띄기는 하지만 이조차도 명확하지는 않다. 차라리 이렇게 묻는 편이 나을지도 모르겠다. 이것이 과연 사진인가? 무엇보다 도대체 이것이 우정이라는 관념과 무슨 관계가 있다는 말인가? 마티아스가 내게 보낸 회신에는 다음과 같이 적혀 있었다.

영화 《비올라》의 보도자료에 넣을 사진들을 찾던 중, 이 영화에 출연한 배우이면서 나의 절친 가운데 하나인 마리아 빌라르의 사진을 발견했다. 나는 이 사진이야말로 내가 찾은 것들 가운데 최고임은 물론이고 촬영 현장에서 맞닥뜨린 모든 문제에 대한 해답이기도 하다고 생각했다. 나는 그녀의 의견을 묻기 위해 이 사진을 다른 여러 사진들과 함께 묶어 이메일로 보냈다. 내게 보낸 답신에서 그녀는 다른 사진들은 상관없지만 딱 하나의 사진만은 빼 달라고 요구했다. 내가 보도자료에 쓰고 싶었던 바로 그 사진을 말이다. 나는 이유는 묻지 않았다. 나는 그저 자신의 이미지를 간직하고자 하는 그녀의 의지, 그녀의 욕망을 신뢰했고, 그녀의 의견을 존중했다. 그 이후로 나는 그 사진을 누구에게도 보여준 적이 없다. 그러고 싶은 유혹에 한두 번 사로잡힌 적도 있었지만 그때마다 참았다. 지금에 와서 생각을 바꾸고 싶지는 않지만 충동을 억제함으로써 하나의 대상을 만들어 본다. 이렇게 함으로써 이 결여된 이미지는 실제로 존재를 얻게 된다. 하나의 사진이 있지만 그것은 조심스레 남겨진 것이다. 'M'이라는 글자가 보이는 이 사진은 보다 커다란 사진의 일부로 다른 부분은 감춰져 보이지 않는다. 마리아와 나 사이의 우정, 작업 그리고 사랑을 굳건히 해 주는 것이 무엇인지에 대한 자세한 정보는 이제 프레임 바깥에 있다. 새로이 만들어진 이 사진은 우리 우정의 비밀 한 조각을 숨기면서 드러내는 것이다.

사진이란 과거의 어느 순간 카메라 앞에 있었던 무언가의 흔적인 동시에 그것의 생김새를 닮은 형상이고, 증거인 동시에 유사-현존이며, 물질인 동시에 이미지라는 것을 종종 우리는 아무렇지도 않게 무반성적으로 받아들이곤 한다. 비유하자면, 주형과 모형이 한데 붙은 것이 사진이라고 보는 셈이다. 주의 깊게 생각하지 않으면 이 미심쩍은 결합의 은유는 사진에 꽤 잘 들어맞는 것처럼 보이기도 할 터다. 원래의 대상과 실제로 접촉한 (것으로 가정되는) 주형은 모형이 결여한 현실과의 연관을 끌어들이고, 모형은 우리 눈에 인식 가능한 형태를 통해 주형을 구체화하니 말이다. 하지만 사진에서 주형과 모형의 결합은 결코 필연적이지 않다. 그저 텅 빈 주형으로서의 사진, 즉 모형을 떼어 내다 남은 재료 일부가 여기저기 덕지덕지 붙은 주형으로서의 사진이 있을 수 있는가 하면, 주형을 통해 만든 모형과 매우 흡사해 보이지만 실은 주형 없이 만들어진 모형으로서의 사진도 있을 수 있다. 특히 디지털 이미지의 시대가 도래한 이후, 교묘하게 합성된 사진에서부터 전적으로 CG에 힘입어 제작된 사진에 이르기까지 우리 주변에는 주형 없는 모형으로서의 사진이 넘쳐나게 되었고 그에 따라 흔적·증거·물질로서의 특성과 형상·유사-현존·이미지로서의 특성을 한데 묶는 '동시에'라는 표현은 매우 미심쩍은 것이 되었다.

엄밀히 말하자면, 디지털 이미지의 시대가 도래하기 이미 한참 전부터 모형 없는 주형, 혹은 모형에서 떨어져 나온 재료 일부만 달라붙어 있는 주형으로서의 사진은 항상 존재해

왔고, 따라서 '동시에'가 함의하는 결합은 줄곧 의문에 부쳐져
왔다. 그런데도 정작 이러한 사진의 의미에 대해 진지하게 숙
고하는 이가 거의 없었다는 점은 기이하게 느껴진다. 우리는
형상 없는 흔적, 유사-현존이 수반되지 않은 증거, 미처 이미
지화되지 못한 물질로서의 사진에 대한 적절한 이론을 갖고
있지 않다.

　　물론 이런 사진들은 통상 버려지는 종류의 것들이다. 이
를테면 사진을 찍는 동안 누군가 눈치 없이 불쑥 카메라 앞으
로 지나가는 통에 흐릿한 자국만 남게 된 사진이 그렇다. 대
체로 이런 사진은 곧바로 폐기되기 마련이다. 과다 노출되었
거나, 심하게 초점이 맞지 않거나, 흔들림이 격한 상태에서 찍
어 피사체의 형체를 알아볼 수 없게 된 경우도 마찬가지다. 습
관적으로 우리는 사진에 새겨진 것을 바라보기만 해도 카메라
앞에 있었던 것의 형태를 식별할 수 있는 경우에만 사진으로
받아들이곤 한다. 흔적과 형상, 증거와 유사-현존, 물질과 이
미지의 결합으로서의 사진이라는 관념은 이러한 습관을 통해
형성된 것일 뿐이다. 우리는 사진을 통해 전달되는 세계의 얼
굴(사람의 얼굴, 사물의 얼굴, 풍경의 얼굴 등등)이라는 하나
의 면에만 집착하면서 사진을 이루는 또 하나의 면, 얼굴 너머
의 얼굴, 즉 초-얼굴(sur-face)로서의 표면(surface)의 의의
를 간과하고 있는 것은 아닐까? 세계와 실제로 대면하고 접촉
했던 것은 정작 이 표면인데도 말이다. 좀 더 밀고 나가자면,
모든 사진은 그것이 무한의 해상도를 지니지 않은 이상 이처

럼 표면으로서의 표면에 다름 아닌 무정형의 세부들로 이루어질 수밖에 없다. 이것이야말로 미켈란젤로 안토니오니의 걸작 《확대》의 주인공이 자기도 모르게 범죄 현장을 찍은 한 장의 사진을 거듭 확대해 나가는 과정에서 절망적으로 확인하게 되는 사실이다. 얼굴 없는 표면의 존재 말이다.

마티아스가 내게 보내온 사진은 이처럼 얼굴 없는 표면에 속하는 모호한 사진이다. 이 사진은 한때 카메라 앞에 있었던 무언가의 물질적 흔적이자 증거이다. 적어도 나는 그렇게 믿는다. 하지만 원본 사진의 특정 부분을 잘라내 과도하게 확대한 이 사진만으로는 카메라 앞에 있었던 것의 형태를 추정해 내는 일이 불가능하다. 형상이나 이미지를 제공하지 못하는 사진은 그것이 무언가의 흔적이자 증거임을 보편적으로 입증할 방법을 결코 프레임 내부에서는 찾을 수 없다. 따라서 이러한 사진은 그것이 무언가의 흔적이자 증거임을 기꺼이 수용하는 프레임 바깥의 공동체, 말하자면 우정의 공동체를 통해서만 단독적으로 유사-현존하게 된다. 마티아스와 마리아, 마티아스와 나, 그리고 또… 마티아스가 내게 보내온 사진은 우정이라는 관념을 표현하고 있는 사진이라기보다는 우정의 사진이 되기 위해 우정을 요청하는 사진이다.

그런데 이러한 사진의 의미작용이 프레임 바깥에 있는 존재들 간의 관계에만 전적으로 의존한다고 생각해서는 곤란하다. 이러한 사진은 모호하기 짝이 없고 어떠한 형상이나 이미지도 제공하지 않는 것처럼 보이지만 분명 가시적인 무언가

20

를 지니고 있기도 하다. 이를테면 마티아스의 사진에서 알파벳 'M'자처럼 보이는 문양이 그렇다. 이 문양이 실제로 'M'이라는 글자를 나타내는 것인지 아니면 어쩌다 그렇게 어룽져 보이게 된 것인지는 분명치 않다. 흥미로운 것은 이 글자가 마리아(Maria)의 이름, 그리고 마티아스(Matias)의 이름의 이니셜과 우연히 공명한다는 점이다. 물론 수수께끼(Mystery)는 남는다. 마티아스가 원본 사진에서 특별히 이 부분을 확대해 보낸 것도 이 때문이 아니었을까? 이처럼 모호한 사진은 거기에 희박하게나마 잔존하고 있는 가시성을 통해 우연적 의미작용의 회로를, 의미심장한 오독의 네트워크를 사방으로 열어놓는다.

따라서 모호한 사진의 의미작용은 이중적이다. 한편으로 그것은 자신이 주형임을 증언해 줄 프레임 바깥 존재들의 우정을 요청하며, 다른 한편으로는 희박하나마 간직하고 있는 모형으로서의 특성 덕분에 다른 기호들과 관계할 수도 있기 때문이다. 장뤽 고다르의《영화의 역사(들)》도입부에는 모호한 사진의 이러한 이중성을 빼어나게 활용한 사례가 등장한다. 전동 타자기를 두드리며 "꺾인 백합(le lys brisé)"—그리피스의 영화《꺾인 꽃(Broken Blossoms)》의 프랑스 제목—이라 중얼거리는 고다르의 목소리가 들려오는 가운데 화면에 보이는 한 장의 사진(사진 2)이 눈길을 끈다.

[사진 2]

여기서 고다르는 이 사진을 영화감독 존 포드의 사진과 중첩시켜 보여주기도 하고, 사진 위에 프로이트의 『꿈의 해석』에서 인용한 "아빠, 내가 불타고 있는 것이 보이지 않아요?(Père, ne vois-tu pas que je brûle?)"라는 문장을 겹쳐놓기도 한다. 고다르의 목소리와 프로이트의 텍스트가 한데 얽혀 파괴되고 불타버린 순수함을 환기시키기 때문인지, 이 사진에 담긴 것은 한 남자가 어린 소녀의 목을 조르고 있는 상황이라고 추정되기도 했다. 게다가 그리피스와 포드처럼 할리우드 영화, 보다 폭넓게는 영화라는 예술 자체를 상징하는 인물들이 직간접적으로 호명되다 보니, 이 사진은 일견 '영화의 (이른) 죽음'이라는 꽤 상투적인 테마 주변을 맴돌고 있는 것처럼 비치게도 된다. 그런데 이처럼 한 장의 사진을 둘러싸고 그 주변에서 이런저런 가설과 픽션이 웅성이게 된 것은 어디까지나 이 사진의 모호성 때문이다. 나는 이러한 가설과 픽션 가운데 어떤 것도 특권화하고 싶지 않다. 다만 이 사진만으로는 남자의 얼굴도, 소녀의 얼굴도, 그들의 행동도 식별할 수 없다는 점만을 강조하고 싶다. 우리는 그저 거의 표면에 가까운 것이 되어버린 비인칭적 얼굴들과 하나의 모호한 몸짓을 보고 있을 뿐이다. '어떤' 남자, '어떤' 소녀 그리고 '어떤' 몸짓이야말로 이 사진에 희박하게 잔존하는 가시적 요소들이다. 그뿐이다. 그림, 사진, 영상은 물론이고 소리나 텍스트 등이 원래 놓여 있던 맥락에서 떨어져 나와 단순한 물질적 대상으로 환원되어 끝없는 의미작용의 회로에 아무렇지도 않게 삽입되는 것, 고다르에게 이는 결코 유별난 일이 아니다.

하지만 이 사진이 프레임 안과 밖의 존재들이 맺고 있는 내밀한 애정과 우정의 증거이자 흔적이기도 하다는 사실을 알게 되면 약간의 충격과 흥분을 느끼며 낯을 붉힐 수밖에 없다. 고다르는 '사람은 자신의 벗에게서 최상의 적을 찾아내야 한다'는 니체의 충고를 지독히도 충실히 따르고 있었던 것이다! 프랑스 영화평론가 장루이 뢰트라가 밝혀낸 바에 따르면, 사진 속의 남자는 이탈리아 네오리얼리즘의 대표작《무방비 도시》로 잘 알려진 감독인 로베르토 로셀리니고, 소녀는 그가 배우 잉그리드 버그만과의 사이에서 얻은 딸인 이사벨라 로셀리니다. 그리고 보니, 왼쪽을 등지고 서 있는 남자의 검은색 코트 뒤로 하얗게 빛을 발하고 있는 조그만 손이 눈에 들어온다. 무엇보다 로셀리니는 그리피스나 포드 같은 신화적 인물들과는 달리 고다르가 직접 친교를 맺을 수 있었던 거장이기도 했다는 점을 문득 떠올려 본다. 돌연 이 사진은 마티아스의 그것처럼 그와 로셀리니의 "우정의 비밀 한 조각을 숨기면서 드러내는" 사진일 가능성을 얻게 된다. 그런데 이처럼 사진 안팎을 가로지르는 인물들의 정체와 관계가 얼마간 밝혀졌다 해서 그 주변에 가설과 픽션이 웅성이게 했던 사진의 모호함이 사라지는가? 이 사진은 이제 불탄 자리에서 다시 솟아오르는 불사조처럼 영화의 갱생을 함축하는 이미지로 승화되는가?

여기서는 적대와 우정, 죽음과 삶, 신화와 역사 같은 대립들을 가로지르는 도무지 화합할 수 없는 두 종류의 의미작용의 계열이 결코 수렴하는 일 없이 무한히 확산하기 시작한다. 이렇게 해서 모호한 사진은 세계 자체의 이중성을 끌어안는다. 모호한 사진과 더불어 세계는 진정 현존하게 된다. 이러한 역설에 집착한다는 점에서 고다르는 크리스티앙 볼탕스키와 유사한 방식으로 사진적 얼굴과 역사성의 관계에 접근하는 작가라고 할 수 있다. 볼탕스키의 설치 작업에 활용되는 초상사진들이 환기시키는 역사성은 종종 그것들의 익명적 모호함에서 비롯되며, 그 사진들의 강렬한 단독성과 내밀함은 그것들을 둘러싼 역사적 맥락의 결핍을 통해 강화되곤 한다. 이렇게 해서 역사는 이야기가 아니라 미지의 이웃에게서 온 편지가, 다만 요청의 내용이 지워져 버린 불완전한 호소문이 된다. 이때 모호함과 결핍이 불러일으키는 감정적 효과는 무척이나 강렬해서, 그 초상사진들의 실제 모델이 되었던 인물들 및 그들과 관련된 몇몇 정황에 대한 정보를 얻고 나서 볼탕스키의 작품으로 되돌아간다 해도 그 강렬함은 좀처럼 사그라드는 법이 없다. 아니, 때로는 오히려 증폭되기까지 한다.

이것(사진 3)은 부산시립미술관에서 열린 볼탕스키의 전시를 보러 갔을 때 찍은 사진이다. 나는 왜 이때 사진을 찍었을까? 지금과는 달리 영화가 상영되는 도중에도 출입구 커튼을 열고 드나드는 일이 무례하게 여겨지지 않던 시절의 영화관이 떠올라서? 내가 앉아 있던 전시장이 이렇게 어두웠던가? 이제는 기억나지 않는다. 이 사진은 이런 물음에 아무런 답도 제공할 수 없다는 점에서 무능하지만, 그 무능함 덕택에 얻은 모호함을 자신의 역량으로 삼는다. 하나의 초상사진이 투사되고 있는 저 커튼을 열고 내가 있는 전시장 쪽으로 들어오는 이는 누구인가? 만일 그가 내가 알고 있는 이라면, 특히 내게 무척이나 친숙한 이라면 더더욱, 나는 그에 대해 당신에게 아무것도 말해서는 안 된다. 저 초상사진이 보여주는 것은 누구의 얼굴인가? 하지만 이미 나는 지나치게 많은 것을 말해 버렸다.

[사진 3]

2

얼굴들의 연대기

사진에 포착된 누군가의 얼굴을 보고 이것은 다른 누구도 아닌 '바로 그 사람'의 얼굴이라고 확언하는 일은 어떤 조건에서 정당화될 수 있을까? 1909년에 출간된 나쓰메 소세키의 소설『그 후』에는 사진과 얼굴의 기묘한 관계에 대한 흥미로운 언급이 있다.

> 사진이란 묘한 것으로, 먼저 사람을 알고 나서 사진에서 그 사람의 모습을 찾아내기란 쉬운 일이지만 그 반대로 사진에서 본 사람을 직접 알아보는 것은 상당히 어렵다. 그것을 철학적으로 말하자면, 죽음에서 삶을 끌어내는 것은 불가능하지만 삶에서 죽음으로 옮겨가는 것은 자연의 순리라는 진리에 귀착하게 된다.

강상우의《김군》은 소세키의 통찰을 새삼 떠올리게 하는 영화다. 이 다큐멘터리가 만들어지게 된 계기는 이렇다. 2015년부터 보수 논객 지만원은 (그 자신의 주장대로라면) 선진국 정보부서에서 영상분석 근무를 했던 사람들의 도움을 얻어, 5.18 광주민주화운동 당시 현장에서 촬영된 여러 사진에 포착된 얼굴들과 통일부의 사진 자료에서 찾은 북한 고위 인사들의 얼굴들을 비교하는 작업을 수행한다. 그리고 광주 현장 사진 속 수백 명의 얼굴들이 북한에서 출세한 권력 핵심 인사들의 얼굴들과 99퍼센트 이상 일치한다는 결론을 내고, 인터넷과 화보집 등을 통해 이런 주장을 퍼뜨리기 시작한다. 지만원과 그를 지지하는 이들에 의해 광주민주화운동 당시 북한에서 내려온 특수군으로, 이른바 '광수'로 지목된 당사자들과 5.18 관련 단체들은 손해배상 청구 소송을 제기했다.《김군》은 지만원에 의해 북한의 전 농림상 김창수와 동일 인물이라며 '제1광수'로 지목된 시민군의 행적을 좇는 다큐멘터리다. 이 시민군의 모습은 당시《중앙일보》기자였던 이창성의 사진을 통해 알려져 있다.

지만원의 주장이 유사과학을 등에 업은 헛소리에 불과함은 두말할 필요도 없다.《김군》의 인터뷰 출연자 가운데 하나인 정다은 변호사는 그의 주장에 대해 "우스운 얘기"이고 "말도 안 되는 이야기"이며 "변호사가 아니었다면 웃어넘기고 그냥 지나갔을 이야기"라고 말한다. 하지만 어떤 면에서 지만원의 주장은 사진이 탄생한 직후 19세기부터 몇몇 '과학적 인간들'을 사로잡았던 강박, 사진을 통해 그것의 지시체에 해당하는 사람을 정확히 식별하려는 강박의 동시대적 판본이기도 하다. 범죄자를 찍은 초상사진의 제작과 분류 방법을 체계화했던 프랑스 파리 경찰청의 알퐁스 베르티옹(1853~1914)은 이러한 강박을 대표하는 인물로 꼽히곤 한다. 흥미롭게도, 이런 베르티옹도 "잘 보려면, 그리고 본 것을 잘 지각하려면 무엇을 주시할지 미리 알고 있어야 한다"라고 주장하면서 소세키와 유사하게 사진을 통한 식별이 지시체에 대한 선지식을 요구한다는 점을 강조한 바 있다. 19세기 과학사진의 역사를 면밀히 검토한 박상우에 따르면 베르티옹적 기획이 도달할 수밖에 없는 운명은 다음과 같다.

> 개인의 경험 대신 [사진이 가리키는 지시체의] 유일성을 보장해줄 수 있는 방법은 없는 것일까? 통계학 확률에 따른 증명? 그러나 확률은 엄격한 의미에서 유일성에 대한 증명이 될 수 없다. 확률은 확실성이 아니라 가능성을 의미하기 때문이다. 개체의 유일성에 대한 절대적인 증명은 불가능하다. 따라서 우리는 두 사진 지시체의 동일성을 절대적으로 확신할 수는 없다. 즉 두 사진이 한 사람에게서 나왔다고 확신할 방법이 없다. 이런 맥락에서 두 사진의 식별은 영원히 불가능하다. (『박상우의 포톨로지: 베르티옹에서 마레까지 19세기 과학사진사』, 문학동네, 2019)

그렇지만 지만원이 그의 주장의 전제로 삼고 있는 가정은 오늘날 얼굴 관념의 변화를 정확하게 반영하고 있다는 점에서 지극히 동시대적임을 인정하지 않을 수 없다. 오늘날의 얼굴은 이미 표면이다. 하지만 그것은 무언가를 표현하기도 하고 감추기도 하는 의미론적 표면이 아니다. 이제 얼굴은 아무것도 감추지 않으면서 얼굴 자체를 나타낼 뿐이다. 이런 얼굴을 읽기 위해서는 그저 얼굴만 바라보면 된다. 사진과 동영상 같은 다른 표면에 투사된 얼굴을 바라보는 것으로 충분할 수도 있다. 오늘날 종종 얼굴은 다른 얼굴과 대면하는 얼굴이라기보다는 인터-페이스(inter-face)라는 공통의 경계면 위에 배열되는 여러 면들 가운데 하나일 뿐이며 또 그런 면이 될 때만 얼굴로 기능할 수 있기 때문이다. 사회적 대면 상황을 필수적으로 요청하지 않는 오늘날의 얼굴은 사진과 동영상 및 그에 덧붙여진 텍스트와 말이 유통되는 소셜 네트워크의 기호론으로 판독 가능한 가상적 얼굴이 되었다. 이러한 얼굴 개념을 뒷받침하는 원리는 튜링 테스트의 그것과 동종적이다. 어떤 대화 상황에서 컴퓨터가 내놓는 응답을 같은 상황에서 인간이 내놓는 응답과 구별할 수 없다면 그 컴퓨터는 사고 능력을 갖춘 것으로 간주해야 한다는 원리 말이다. 사고가 언어의 운용 양식으로 환원 가능한 인터-페이스에서 오늘날의 얼굴은 그것을 대신할 아바타를 필요로 하지 않는다. 얼굴 자체가 아바타이기 때문이다. 거꾸로, 어떤 아바타 아이템도 얼굴이 될 수 있다. 온라인 소셜 네트워크 문화를 통해 가속화된 얼굴 기능의 변화는 2020년 초부터 전 세계를 강타한 코로나19 범유행으로 인해 이른바 '온택트' 장치들이 널리 보급되면서 거의 완성 단계에 접어들고 있는 것처럼 보인다.

1980년 광주에서 촬영된 사진 속의 얼굴과 그로부터 30년 후 평양노동자회관에서 촬영된 사진 속의 얼굴을 비교해 가며 "중요한 포인트를 연결한 외곽선이 일치"한다는 이유로 동일 인물이라 간주하는 지만원의 주장은 물론 얼토당토않은 것이다. 어떤 밝은 평면 위에 비친 검은색의 원형만 보고 그것이 원뿔의 그림자인지 원통의 그림자인지 구체의 그림자인지

판별할 수 없다는 것쯤은 사영기하학의 원리를 모르더라도 경험적으로 알 수 있다. 하지만 지만원은 사진적 이미지의 광학적 기초가 되는 사영 또는 투영의 과정과 원리를 무시하면서 형상적 유사성에만 기대어 두 개의 이미지는 상동 관계에 있다고 단정하는 오류를 범하고 있다. 앞서 인용한 소세키의 표현을 빌리자면, 그는 삶에서 죽음으로 향하는 과정에는 관심을 두지 않고 서로 다른 죽음들의 비교를 통해 얻어낸 망상적 결론을 어떻게든 삶에 덧씌우려고만 한다. 바꿔 말하자면, 그는 "사진에서 본 사람을 직접 알아보는" 어려운 일에는 전혀 관심을 두지 않고 그저 사진들을 기계적으로 비교하고 있을 뿐이다. 물론 이런 반박이 지만원에게 통할 리 없다. 그의 주장을 통해 계속해서 관심과 이익을 얻을 수 있는 한 어떤 반박도 통하지 않을 것이다.

다른 한편으로는, 지만원의 주장은 터무니없다고 일축하는 이들 중에도 이런 식의 반박으론 불충분하다고 생각하는 이들이 있을 수 있다. 왜 그럴까? 사진 속의 얼굴은 누군가의 얼굴 자체만이 아니라 그 얼굴을 둘러싼 이야기들이 함께 투영됨으로써 완성되는 것이라 보는 믿음이 그들에게 여전히 남아 있기 때문이리라. 이러한 믿음을 두고 사진과 결부된 근대적 토테미즘의 흔적이라고 비난하는 이도 있을 수 있고, 사진의 증거 능력이란 맥락 의존적일 뿐 자기충족적이지 못하다는 특성이 비합리적 정념과 결합한 결과라고 일갈하는 이도 있을 수 있다. 여하간 그러한 믿음 속에는 얼굴이란 인간 신체의 상단부 전면에 자리한 표면으로 환원될 수 없는 그 무엇이라 속삭이듯 외치는 존재론적 항거가 담겨 있다. 사진 속의 얼굴은 무수히 많은 온갖 웅성거림을 품고 있다.《김군》의 제작진들로 하여금 무명의 한 시민군의 종적을 찾아 나서게 하고 살아남은 이들의 이야기들을 기록하고 수집하게끔 만든 것 또한 얼굴을 얼굴 자체로만 환원시키려는 시도에 대한 저항감이었으리라. 물론 이야기들은 때로 어긋나고 하나로 수렴되지 않으며 저 무명의 시민군의 정체를 파악하는 작업은 뜻밖의 결론으로 향하게 된다. (참고로 덧붙이자면, 2022년 5월 12일 광주민주화운동 진상규명조사위원회는 이창성 기자의 카메라가 포착했던 인물이 현재 생존해 있는 차복환 씨임을 확인했다고 발표했다.) 하지만 그 과정에서 우리는 '제1광수'라 지칭된 시민군의 얼굴에 다른 여러 '광수들'의 얼굴과 이야기가 중첩되는 광경을 목도하게 된다.

이렇게 다시 의미화된 하나의 얼굴은 지만원 자신이 '기하학적 분석'이라 부르는 유사과학적 분석을 추동한 숨은 동기가 되었을 보다 미심쩍은 믿음, 얼굴의 종족성에 대한 믿음을 기분 좋게 되받아친다. 숱한 시민군과 광주 시민들이 뒤섞여 있는 사진 속에서 그는 어떤 기준으로 수백 명이 넘는 '광수들'의 얼굴을 그 분석 이전에 일차적으로 판별해 낸 것일까? 이에 대한 답변은 지만원 자신이 제공하고 있다. '제1광수'에 대해 말하면서 그는 "이 사람은 분명히 이 눈초리가 아주 엄청 매섭고, 광주 학생이 낼 수 있는 포즈도 아니고, 어깨

골격의 생김새라든지 눈초리라든지…"라고 지적하며 북한 사람, 혹은 '빨갱이'의 관상학 내지는 유형학이라 할 만한 것을 무심결에 제시한다.

만일 지만원이 이러한 사고를 정말로 '과학적'으로 밀고 나간다면 그는 여러 사람의 초상사진을 합성해 이른바 '일반 초상(generic portrait)'을 만들어 냈던 프랜시스 골턴(1822~1911)의 기획과도 만날 것이다. 박상우가 지적한 대로, "골턴의 합성초상사진기법과 그의 유형학적 사고는 그의 사후에도 사라지지 않고 20세기를 거쳐 오늘날까지도 수많은 분야에 지대한 영향을 미치고" 있으니 말이다. 방대한 데이터 집합을 바탕으로 인공지능을 통해 얼굴 인식의 정확성을 꾀하려 하는 오늘날의 접근법을 두고, 『AI 지도책』(노승영 옮김, 소소의책, 2022)의 저자인 케이트 크로퍼드는 "얼굴이 곧 운명이 되는 '운명으로서의 생물학'이라는 이념적 전제에 토대를 둔다"라고 날카롭게 지적한다. 그에 따르면 이는 "기술적 중립성이라는 탈을 쓰고 사회적 불평등을 증폭하는 자기 강화식 차별 기계"에 불과하다.

《김군》은 한 무명의 시민군을 추적하는 과정에서 그의 얼굴 위에 겹치고 또 겹치는 숱한 얼굴들을 통해 지만원의 미심쩍은 관상학 내지는 유형학이 겨냥하고 있는 '제1의 얼굴', 얼굴 중의 얼굴을 결코 일반화될 수 없는 저항의 얼굴로 다시 자리매김하고 있다.

그래도 의혹은 가시지 않는다. 근본적으로 사진 자체가 얼굴의 종족성에 대한 편견을 강화하는 매체인 것은 아닐까? 오늘날의 온갖 미심쩍은 관상학은 바로 사진술과 더불어 정립된 것은 아니었던가? 그렇다면 사진이 영화에 전해준 것은 무엇인가? 어리석은 질문처럼 들릴지 모르지만, 곰곰이 생각해 보자. 영화란 일련의 사진을 연속적으로 투사해 움직임의 인상을 만들어 내는 것이며 따라서 사진은 영화의 물질적 토대가 된다는 상식은 잠시 접어 두기로 하자. 사진의 발명에서 시네마토그래프의 발명에 이르는 역사적 과정을 부인할 수는 없는 노릇이지만, 기술적 이미지 체제가 전반적으로 디지털로 전환된 지금, 사진은 영화와 함께 픽셀이라는 비물질적 토대를 공유하는 처지가 되었다. 사진이란 카메라 앞에 있던 무언가에 반사된 빛의 흔적을 담은 것이고, 따라서 그것이 무엇이건 무언가가 있었음에 대한 증거이며, 그 '있었음'을 한결같이 '있음'의 상태로 보여주는 것으로서 이것이야말로 사진이 영화에 물려준 유산이라는 주장도 더 이상 우리의 것이 될 수 없음을 받아들이자. 이 주장에는 아직 일말의 진실이 담겨 있지만 그 상태가 얼마나 오래 지속될 수 있을지는 이제 불확실하기 짝이 없다. 어떤 '있었음'에도 의존하지 않으면서 가상적 '있음'만을 우리에게 방사하는 영화는 이제 아주 흔한 것이 되었기 때문이다.

다시 한번 자문해 보자. 사진이 영화에 전해준 것은 무엇인가? 지금에야 깨닫게 된 것이지만, 사진이 진정 영화에 전해준 것이 있다면 그것은 일종의 <u>인종차별주의</u>다. 이런 생각을 떠올린 것은 롤랑 바르트의 『소소한 사건들』(임희근 옮김, 포토넷, 2014)에 실려 있는 1979년 9월 14일자 일기의 한 부분을 읽으면서다.

> 영화관을 찾아보았다. 마음에 드는 영화가 하나도 없거나, 이거다 싶은 영화는 이미 시작한 뒤였다. 그러다 보니 피알라 감독의, 대학입학 자격시험 치르는 또래의 십 대들을 주제로 한 영화가 상영 중이었다. (…) 영화는 한순간 완벽하기도 했고 사람들이 좋다고 평가할 만한 근거도 있기는 했지만, 나로서는 보기 괴로웠다. 나는 사회적 '환경'의 사실적 묘사를 전혀 좋아하지 않는다. 그리고 이 영화에는 일종의 젊음을 우대하는 인종차별주의 같은 것이 있었다. (나 같은 나이 든 관객은 절대적으로 배제되어 있다는 느낌이 든다).

제목을 밝히고 있지는 않지만 이날 바르트가 보았다고 하는 영화는 모리스 피알라의 《입시부터 붙어라(Passe ton bac d'abord)》였을 것이다. 영화에 대한 그의 평가에 동의하느냐의 여부는 차치하고, 이 부분을 읽으면서 나는 젊음을 우대하는 인종차별주의라는 흥미로운 통찰을 바르트가 왜 그의 유명한 사진론 저술인 『밝은 방』에서 더 파고들지 않았는지 궁금하기 짝이 없었다. 바르트의 일기에서 이 표현은 피알라의 영화가 젊은이들 위주라는 것 외에 별다른 뜻을 지니고 있지 않다. 하지만 바르트의 의도와는 다소 무관하게 (혹은 그가 표명하지 않은 의도를 우리 나름대로 추정해 밀어붙여) 젊음을 우대하는 인종차별주의라는 문제를 사진과 더불어 생각해 보면, 사진의 시대에 출현했고 영화의 시대에 극도로 강화되었다가 급기야 '무빙 이미지'의 시대를 맞은 오늘날에는 억압되기에 이른 하나의 불안, 영원히 변치 않은 채로 사는 인간의 모습을 본다는 것과 관련된 사진적 불안의 실체를 깨닫게 된다.

사진적 불안은 이중으로 겹쳐 있다. 먼저, 영화가 세상에 첫선을 보이기 직전인 1890년, 오스카 와일드가 『도리언 그레이의 초상』에서 사진이 아닌 그림과 결부시켰던 불안, 하지만 사진이 이미 존재하지 않았더라면 (그리고 도래할 영화에 대한 예감이 없었더라면) 세기말의 작가에게 그토록 강렬하게 자각되지 않았을 것이 분명한 불안이 있다. 와일드가 전경화하고 있는 것은 영원히 변치 않는 자신의 이미지와 늙어갈 수밖에 없는 현실적 몸의 간극에서 싹트는 젊음이라는 종족성에 대한 선망이다. 도리언 그레이는 이미지와 현실의 원칙을 뒤바꿈으로써 이를 극복하려 든다. 나이를 먹는 쪽은 이미지이고 현실의 자신은 젊은 모습 그대로 남는 것이다. 뷰파인더와 디스플레이와 입력장치와 저장장치가 통합된 스마트폰 카메라로 수시로 자신의 모습을 촬영하고, 저장하고, 확인하고, 수정하고, 게시하면서 나날이 자아상의 대차대조표를 부지런히 작성하는 오늘날의 우리는, 현재의 자신이 지난주의, 어제의, 심지어 조금 전의 이미지가 보여주는 자신보다 더 근사한 상태를 유지하게끔 쉼 없이 노력할 수밖에 없게 되었다. 디지털 시대의 도리언 그레이들에게 내려진 일신우일신의 명령. 찍는 행위와 보는 행위 사이에 존재하던 시차의 소멸이 초래한 불안한 환락. 그러니까 이제는 그대로 남는 정도가 아니라 시간의 화살을 돌리는 것이 관건이다. 이 점에서 우리는 와일드의 불가능한 판타지에 보다 강박적으로 집착하는 인종차별주의자라 할 수 있다. 나이에 걸맞은 모습을 지니고 있다는 것은 비만보다 더한 게으름의 증거이거나 수치스러운 꼴일 따름이다.

좀 더 심오한 사진적 불안은 자신이 아닌 타인의 모습이 늘 변치 않은 채로 남아 있는 것을 보는 것과 관련되어 있다. 한때나마 우리가 사진이란 '있었음'을 한결같이 '있음'의 상태로 보여주는 것이라는 착각에 사로잡혔던 것은, 흑백사진이 주는 아우라나 손상과 부식에서 자유롭지 않은 사진의 물질성에 현혹되었기 때문은 아니었을까? 오늘날의 기술적 이미지가 추구하는 것은 어떤 기원도 환기시키기 않으면서 우리로 하여금 이미지 자체의 '있음'만을 현재적으로 느끼게 하는 것이다. 그 결과 우리가 마주하게 된 것은 언젠가 카메라 앞에 섰을 어떤 타인과는 무관하다고까지 할 수 있는 이미지로서의 타인, 하지만 그저 이미지인 것만이 아니라 우리와 더불어 생생히 삶을 사는 타인으로서의 이미지다. 이는 그 영원한 젊음으로 우리를 주눅 들게 하는 타인이며, 피알라의 다른 영화의 제목을 빌리자면 "우린 함께 늙지 않을 거야(nous ne vieillons pas emsemble)"라고 계속해서 속삭이는 이미지이기도 하다.

　마이클 파웰과 에머릭 프레스버거가 연출한 《블림프 대령의 삶과 죽음》은 이러한 모습의 이미지나 타인과 결부된 사진적 불안이 한 영화의 내러티브와 미장센을 얼마나 부조리하게 뒤틀어 놓을 수 있는지 잘 보여주는 사례다. 이 영화의 중심인물은 세 차례의 전쟁(보어전쟁, 1차 세계대전, 2차 세계대전) 시기를 거치며 우정을 이어 온 영국 장교 클라이브와 독일 장교 테오, 그리고 하나의 '이미지-인물'이다. 클라이브와 테오 사이에는 이디스라는 이름의 영국인 가정교사가 있는데 그녀는 결국 테오와 결혼한다. 뒤늦게야 자신도 이디스를 사랑했음을 알게 된 클라이브는 1차 세계대전이 끝날 무렵 수녀원에서 우연히 보게 된 바바라라는 여인과 결혼하는데 그녀는 이디스를 쏙 빼닮았다. 2차 세계대전 시기, 나치즘에 반발해 영국으로 망명해 온 테오는 클라이브 주변에 있는 운전병 조니가 자신의 죽은 아내 이디스와 무척이나 닮았다는 것을 알게 된다. 닮았다는 표현을 쓰기는 했지만 사실 이 영화에서 이디스, 바바라, 그리고 조니라는 여성은 모두 데보라 커가 연기했다. 이디스/바바라/조니는 세월에 떠밀려 가는 클라이브나 테오와는 달리 항상 동일한 모습으로 생생하게 스크린을 가로지르는 사진적 불안의 이미지다(사진 4). 이런 이미지-인물은 등장인물로서는 영화의 허구적 세계 내에 있지만 이미지로서는 그 세계를 빠져나와 스크린의 표면에서 형상적 삶을 영위하는 이중적 존재다. 영화에서 이런 존재가 초래하는 불안을 보다 깊이 감지하는 쪽은 테오다. 순진하고 고지식한 클라이브는 언제나 같은 모습으로 남아 있는 이미지의 현재성, 즉 '있음'이 주는 매혹에 오롯이 사로잡혀 있다. 흡사 그는 '있음'의 이미지와 함께 있는 한 자신 또한 언제나 현재에 속하리라는 망상에 빠져 있는 듯하다.

1인 3역의 연기가 그 자체로 특별한 것은 아니다. 이 영화에서 유독 눈길을 끄는 부분은 따로 있다. 2차 세계대전 중 망명해 온 테오에게 자신의 죽은 아내 바바라가 이디스와 똑 닮았음을 털어놓은 클라이브가 아내의 초상화를 테오에게 보여주는 장면이 그것이다. (테오는 1차 세계대전 직후 바바라와 직접 대면할 기회가 있었지만 결국 그러지 못했다. 그녀와 함께 포로수용소로 자신을 찾아온 클라이브의 면회를 거절했기 때문이다. 그가 면회를 거절한 것은 이야기상으로는 패전국 장교로서의 자존심 때문이지만, 한편으론 동일한 모습으로 남아 시간의 흐름을 거스르는 이미지-인물과의 대면을 회피하려는 몸짓으로도 비친다.) 바바라의 초상화가 걸려 있는 곳은 클라이브가 자신이 사냥한 동물들의 머리를 박제로 만들어 빼곡하게 벽에 걸어두고 있는 방이다. 박제라는 것은 그림, 조각, 데스마스크, 밀랍인형 같은 간접적 모사물과는 달리 하나의 모습을 직접적으로 영원의 시간에 고정시키는 방식이다. 다만 인간을 박제로 만들어 감상의 대상으로 삼는 건 (역사적

43

사진 4

으로 사례가 없는 것은 아니지만) 통상 사회적으로 금기시되는 일이다. 초상사진이란 가까스로 이 금기를 위반하지 않으면서 박제를 통한 보존 및 감상 가능성을 인간의 얼굴과 신체로까지 확장한 것이다. 일견 로맨틱한 것처럼 비치는 클라이브의 집착, 언제나 동일한 모습으로 생생하게 남아 있는 인간의 모습을 보려 하는 충동은 사실 꽤 무시무시한 것이다. 실제로 우리가 보는 것은 바바라의 초상화지만 방 안 가득한 박제들은 이 초상화가 실은 박제에 상응하는 사진의 대체물임을 넌지시 일러주기 때문이다. 기이한 점은 또 있다. 바바라가 이디스와 똑 닮았음을 보여주기 위해서라면 그녀의 초상화보다는 사진을 테오에게 보여주는 편이 더 좋지 않았을까? 때는 1942년이다. 게다가 바바라의 초상화 밑에는 몇 장의 흑백사진들이 버젓이 걸려 있지만 바바라의 모습을 담고 있는 사진은 없다. 분명 이 장면에는 무척이나 이상하고 부조리하기 짝이 없는 회피가, 사진에 대한 회피가 있다. 정작 사진은 보이지 않는데도 이토록 강렬하게 사진을 환기시키며 사진적 불안으로 휩싸여 있는 장면을 나는 영화에서 거의 본 적이 없다. 이 장면의 강도는 사진과 영화가 극도로 어두운 욕망과 관련되어 있음을 대담하게 보여준 마이클 파웰의 문제작《피핑톰》마저도 무색게 한다고까지 말할 수 있다.

이토록 기이한 사진의 부재는 앞서 말했듯 이디스/바바라/조니라는 이미지-인물이 사실상 이미 사진의 알레고리이기 때문에 벌어진 일이라고밖에 생각할 수 없다. 만일 이미지 자체의 '있음'을 생생히 느끼게 하는 사진의 힘을 보여주기 위해 사진 자체를 영화의 소품으로 활용했다면, 그것은 영원한 젊음을 과시하는 절대적 타인을 떠올리게 하는 대신 향수를 불러일으키는 일개 사물로 전락했을 것이다. 테오가 클라이브의 집을 나와 차에 오를 때, 초상화와 박제된 동물들이 걸려 있던 방에 부재했던 사진은 조니라는 운전병의 모습으로 기어이 나타나 테오로 하여금 씁쓸한 웃음을 짓게 만든다. 선망에 사로잡힌 사람들을 비웃기라도 하듯, 인종차별주의 자체인 이미지는 젊음이라는 종족성을 무람없이 과시한다.《블림프 대령의 삶과 죽음》은 '있었음'이라는 기원을 배제한 절대적 '있음'의 이미지와 더불어 살아가는 삶을 가로지르는 불안, 우리를 열등한 종족으로 간주하는 이미지의 힘 자체를 형상화한 예언적인 작품이다. 오늘날의 모니터와 스크린을 배회하는 사진과 영상 속 사람들의 모습, 그리고 현실의 거리를 배회하는 사람들의 모습을 떠올려 보라. 어떤 원형이나 유형이 이들의 얼굴과 몸을 가로지르고 있는 것처럼 느껴진다면, 그것은 이중으로 겹쳐진 사진적 불안의 한복판에 있는 우리가 이미지와의 경주에 몰두하는 한편 스스로를 하나의 이미지로 변형시키려는 불모의 노력을 계속해 왔기 때문이리라. '무빙 이미지'의 시대란 이런 상황에 참으로 어울리는 표현이 아닐 수 없다.

사진적 불안을 영화의 소재나 주제로 삼는 데 그치지 않고 대담하게 형식적 측면으로까지 밀고 나간 이는 역시 오슨 웰스다. 20대 중반에 연출하고 주연을 맡은 데뷔작《시민 케인》에 서부터 웰스는 종종 자신의 얼굴과 육체를 스크린에 직접 드러내며 스스로를 이미지-인물로 제시하곤 했다. 등장인물로서는 개별 영화 각각의 허구적 세계 내에 있으면서도 이미지로서는 그 세계를 빠져나와 여러 영화를 가로지르며 스크린의 표면에서 형상적 삶을 영위하는 이중적 존재로 말이다. 웰스의 특이한 점은 그가 종종 늙음 자체를 간절히 열망하며 심지어 그 상태에 고착되길 바라는 것처럼 보인다는 데 있다.《시민 케인》후반부에서 20대 중반의 웰스가 연기한 노년의 케인은 40대의 그가《악의 손길》에서 연기한 행크, 비로소 초로의 나이에 접어들어 연기한《심야의 종소리》와《불멸의 이야기》의 팔스타프와 클레이 등과 별반 차이가 없다(사진 5). 그의 영화에서 늙음이 언제나 양가적인 성격을 띠고 있다면 젊음은, 특히 남성의 젊음은 순전히 부정성의 기호에 불과하다. 오만하고 무례하기 짝이 없는 명문가 청년 조지 앰버슨이나 왕위에 오르자 가차 없이 팔스타프를 내쳐버리는 헨리 5세 같은 인물들은 물론이고,《바람의 저편》에서 노년의 영화감독(존 휴스턴)에게 어쩐지 자꾸 불안하고 위협적인 존재로 느껴지는 젊은 영화감독(피터 보그다노비치) 또한 마찬가지다.《시민 케인》이 진정 정치적인 영화일 수 있는 것은 그것이 주제적으로 미국적 이상의 퇴락을 다루고 있어서가 아니라 온갖 종류의 이상을 독점하려 드는 남성적 젊음이 어떻게 해서 끝

[사진 5]

위에서부터 《악의 손길》, 《심야의 종소리》, 《불멸의 이야기》

내 양성적 늙음에 사로잡히고 마는지를 기어이 자신의 얼굴과 육체로 입증하려 드는 웰스의 무모함 때문이다.

이런 웰스가 사진적 불안을 예리하게 풍자한 작품을 내놓은 것은 조금도 이상하지 않다. 1956년에 웰스는 스스로가 "나의 유일한 코미디 영화"라고 부른 단편《청춘의 샘》을 텔레비전용으로 만들면서 부분적이나마 사진과 음성 해설만으로 영화를 전개하는 시도를 감행했다. (작품 전체가 사진과 음성 해설만으로 이루어진 영화라면 크리스 마커가 1962년에 발표한《환송대》가 가장 잘 알려져 있다. 이 작품에 대해서는 뒤에 다시 이야기하게 될 것이다.) 나이듦을 피하려는 강박 때문에 파국에 이르게 되는 젊은 커플이 등장하는 이 작품에서 하필 그런 시도를 했다는 점이 예사롭지 않게 느껴진다. 오래도록 젊음을 누리게 해 줄 약물 하나를 선물로 받은 이 커플은 고민에 빠진다. 각각이 상대방을 비추는 거울이자 상대방에 대한 이미지이기도 한 만큼 그들의 고민은 깊어진다. 누가 마실 것인가? 누가 도리언 그레이의 자리에 있고 누가 테오와 클라이브의 자리에 있을 것인가? 우린 함께 늙지 않을 거야. 웰스가 만든 이 걸작 소품을 보고 있노라면 저 피알라 영화의 제목과 더불어 이중으로 겹쳐진 사진적 불안을 다시 떠올리게 된다.

1936년생인 배우 로버트 레드포드는 2018년에 발표된《미스터 스마일》을 끝으로 배우로서는 은퇴하고 연출과 제작에만 전념하겠다고 공언한 바 있다. 비록 불과 몇 달이 지나지 않아 그런 말은 하지 말았어야 했다고 토로했는가 하면, 《어벤져스: 엔드게임》에서는 잠깐이나마 카메오로 얼굴을 비추기도 했지만 말이다. 《미스터 스마일》에서 그는 범죄자 포레스트 터커 역을 맡았는데 실존 인물인 터커는 15세에 처음으로 수감된 이후 (자신의 주장에 따르면) "탈옥에 18번은 성공하고 12번은 실패"하며 평생토록 교도소를 들락거리다 결국 수감된 상태에서 세상을 떠났다. 이 영화를 본 사람이라면 레드포드를 확고히 스타의 반열에 올려놓은 《내일을 향해 쏴라》의 선댄스 키드와 그의 공식적 은퇴작인 《미스터 스마일》의 포레스트 터커를 나란히 이어보고픈 생각이 들 법도 하다. "이 이야기, 역시, 대부분 사실이다(this story, also, is mostly true)"라는 오프닝의 안내 문구가 "앞으로 보게 될 것의 대부분은 사실이다(most of what follows is true)"라는 《내일을 향해 쏴라》의 그것을 염두에 둔 것임을 고려하면 더욱 그러하다.

그렇다면 터커 자신은 레드포드가 그의 역할을 맡는 것에 대해 어떻게 생각했을까? 이미 세상을 떠난 그의 의중은 우리로선 알기 어렵다. 그가 자신의 삶이 할리우드에서 영화로 만들어지기를 간절히 바랐던 것은 사실이다. 《미스터 스마일》의 원작은 《뉴요커》 2003년 1월 27일 자에 실렸던 데이빗 그랜의 기사다. 터커와의 인터뷰를 바탕으로 작성된 이 기사에 따르면 그는 자신의 삶과 공명한다고 생각한 모든 영화를 보았는데, 그 가운데는 폴 무니 주연의《나는 탈옥수》, 클린트 이스트우드 주연의《알카트라즈 탈출》, 워런 비티와 페이 더너웨이가 공연한《우리에게 내일은 없다》등이 있다. 터커는 자신의 체험을 바탕으로 최소 두 편의 수기를 썼지만 이를 영화화하는 데 관심을 보이는 이는 없었다고 한다. 그는 이스트우드의 비서에게도 전화해 보았으나 "당신에게 대리인이 없으면 읽어 보시지 않을 거예요"라는 실망스러운 답변을 들었을 뿐이다. 여하간 그랜의 기사만 놓고 보면 터커가 자신의 삶을 스크린에 재현하기에 적합한 배우로 로버트 레드포드를 떠올렸을 가능성은 거의 없는 것 같다.

《미스터 스마일》의 각본을 쓰고 연출을 맡은 데이빗 로워리는 터커라는 인물과 배우 레드포드, 그리고 그가 몇몇 영화에서 연기한 무법자 페르소나의 오묘한 복합체를 주조해 내는 데 관심을 둔다. 80대 중반에 접어든 스타 배우의 노쇠한 육체는 2003년에 그랜과 인터뷰를 하던 당시 83세였던 터커의 그것과 엇비슷할 터다. 그런데 영화의 주요 시간적 배경이 터커의 나이가 예순을 조금 넘은 1981년임을 고려하면 이 육체의 노쇠함은 사실 정도가 지나친 것이다. 실로《미스터 스마일》은 노년의 육체에는 차이도 변화도 없다는 듯한 입장을 고수한다. 손수 제작한 카약을 타고 1979년에 산쿠엔틴주립교도소에서 탈옥할 때나, 나이 든 동료들과 함께 일명 '퇴물갱단(Over-the-Hill Gang)'으로 활약하며 수십 곳의 은행을 털고 다니던 1980년대 초반의 터커를 연기할 때나, FBI에

체포되어 복역한 후 풀려난 1990년대 초반의 터커를 연기할 때나 레드포드의 모습은 한결같다. 생물학적으로야 이런 설정이 말이 될 리 없지만, 스타의 몸에는 영화의 동시대적 상태가 육화된다는 가정—영화와 관련해서라면, 스타를 육성하고 활용하는 제도를 비판할 수는 있어도 결코 스타의 중요성을 부인할 수는 없는 '지질학적' 이유—을 받아들인다면 꽤 그럴듯한 설정이라고 볼 수도 있다. 여기서 레드포드는 단지 터커의 삶을 재현하는 것이 아니라 디지털의 도래 이후 더 이상 나이를 먹지 않는 영화, 또는 이미 늙어버린 채로 무시간적 삶을 연명하고 있는 영화의 '운동 충동'을 대변하는 존재로서 등장하고 있기 때문이다.

영화의 운동 충동이라고 하면 이상하게 들릴 수도 있다. 하지만 본디 영화의 삶이란 (캔에 갇힌) 필름이 감금 상태에서 빠져나와 (영사기에 물려) 물리적으로 운동하면서 (스크린에) 만들어 내는 빛과 그림자를 통해서만 일시적으로 감지되는 것이었다. 영화에서 감옥, 기차와 자동차, 그리고 유령이 그토록 특권적인 존재감을 띠는 형상일 수 있었던 것도 혹시 이 때문이었을까? 필름은 물리적·화학적 퇴락과 부식으로 향하는 지속적 노화의 과정에 취약하게 내맡겨져 있는 물질이었다. 이를 비유적으로 대변하는 존재가 바로 스타다. 스타란 그레타 가르보 같은 이를 은둔으로 몰고 간 저 찬연한 취약함에 대책 없이 내맡겨진 존재다.《미스터 스마일》에서 레드포드를 통해 육화된 운동 충동은 실제의 터커에게는 범죄 충동으로 나타났던 것을 차용해 변형한 것이다. 은행들에 첨단 보안 장비들이 도입되면서 터커의 그것과 같은 대담한 갱단은 점차 옛일이 되었고 은행털이는 기껏해야 ATM기를 만지작거릴 뿐인 좀도둑이나 해커들에게 어울리는 일이 되었다. 터커에 관한 기사를 쓴 그랜이 터커의 "퇴물 갱단은 그들의 나이만이 아니라 시대에 도전하는 것처럼 보였다"라고 기술한 것은 바로 이 때문이다. 영화의 운동 충동과 마찬가지로 터커의 범죄 충동은, 영화에 등장하는 한 형사의 표현을 빌리자면, 그저 '생계(making a living)'가 아니라 '삶(living)' 자체와 관련되어 있다.

물론 레드포드는 '생애 주기'가 있었던 영화의 시기를 통과해 온 배우이고 그 시기의 영화들에 육체의 흔적을 남긴 배우다. 하지만 그의 육체에 영화의 과거가 또한 흔적으로 남아 있다고 말한다면 터무니없는 과장일 터다. 만일 그의 육체에서 그런 흔적을 감지할 수 있다고 주장하는 이가 있다면 그는 레드포드와 관련된 자신의 개인적 추억을 거기 투사하고 있는 것에 불과하다. 《미스터 스마일》의 레드포드는 불변하는 노년의 육체를 지닌 무시간적 존재일 뿐이다. 오히려 영화적인 무엇을 환기하는 것은, 수감되기 위해 탈옥하고 탈옥하기 위해 수감되었다고 해도 좋을 만큼 집요하게 반복되는 운동 속에 있는, '퇴물'이 되어서도 움직이길 그치지 않는 터커의 삶 자체다. 《미스터 스마일》에서 레드포드의 육체에 시간성을 회복시키기 위한 수단으로 도입된 것은 그의 과거 모습이 담긴 일련의 사진들과 한 편의 영화다. 그런데 이들의 기능은 서로 좀 다르다.

먼저, 터커의 범죄 이력이 담긴 파일 속의 사진들(사진 6)을 보자. 사진 특유의 이중성으로 인해, 여기 보이는 유년기와 청·장년기의 얼굴들은 등장인물로서의 터커(허구적 존재)와 배우로서의 레드포드(사실적 존재)를 동시에 가리키게 된다. 이 사진들 각각은 한편으론 영화적 허구의 등장인물인 터커의 과거 모습으로 기능하지만, 그것들이 모인 전체로서는 허구의 바깥으로 향하면서 레드포드의 육체를 시간의 흐름 속에 다시 풀어 놓는다. 과거의 영화를 인용하는 로워리의 방식은 무척이나 흥미롭다. 터커가 성공적으로 감행한 탈옥의 연대기를 일목요연하게 정리해 보여주는 회상 시퀀스의 한 부분에서, 로워리는《우리에게 내일은 없다》의 아서 펜이 연출한 다소 덜 알려진 작품인 (펜 자신은 실패작으로 치부한)《체이스》에서 발췌한 영상(사진 7)을 가져온다. 로워리는 1963년에 루이지애나주립교도소를 탈옥한 43세의 터커를 묘사하기 위해 이 영상을 활용하고 있지만,《체이스》에 출연할 당시 레드포드의 나이는 29세였다. 40대 중반의 터커를 20대 후반의 레드포드로 대리한다는 무리를 감수하면서까지 이 영화를 고른 이유는 무엇일까? 제목과는 달리 별다른 추적 장면은 없는 이 영화에서 레드포드는 '버버'라는 이름의 탈옥수로 등장해 영화 내내 이동하기를 멈추지 않는다. 이 점에서 등장인물로서의 버버(허구적 존재)는 실존인물로서의 터커(사실적 존

[사진 6]

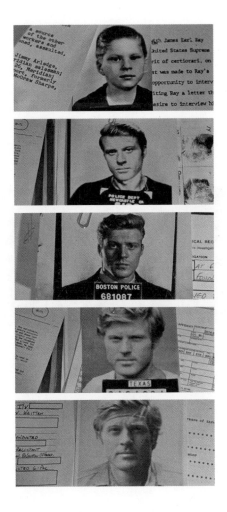

[사진 7]

재)와 조응한다. 다만, 버버라는 허구적 존재의 특성은 영화 《체이스》에 대한 기억과 경험 없이는《미스터 스마일》에서 결코 활성화되지 못한다. 즉 이는 영화를 보는 관객 각자의 몫으로 남게 된다. 하지만 레드포드의 과거와 현재의 모습 간의 낙차로 인해 발생하는 시간의 소용돌이는《미스터 스마일》을 보는 누구라도 감지할 수 있는 종류의 것이다.

로워리는 1960년대와 1970년대에 보았던 35mm 영화의 느낌을 내기 위해《미스터 스마일》을 16mm 필름으로 촬영했다고 한다. 정작 35mm 필름으로 촬영하면 요즘에는 HD 같은 느낌이 난다고 지적하면서 말이다. 하지만 이 영화에서 진정 흥미로운 시대착오적 설정은 영화 후반부, 형기를 마치고 나온 터커가 연인 주얼과 함께 동네 영화관에서 몬티 헬먼의 1971년 작품《자유의 이차선》을 보는 장면이다. 이름 없는 주인공들이 그저 꾸준히 도로를 달린다는 것 이외에 별다른 플롯이 없는, 시대를 훌쩍 앞서 나온 이 로드무비를 실제로 (그것도 개봉한 지 20년이 지나서) 터커가 보았을 것 같지는 않다. 여하간《미스터 스마일》에서 헬먼의 영화는 터커로 하여금 정착을 거부하고 다시 은행 강도에 나서게 하는 계기가 되고 있다. 사실 헬먼의 인물들은 계속해서 어디론가 이동하지만 이상하게도 그들의 움직임은 시간의 흐름 속에 있지 않다는 느낌을 준다.《자유의 이차선》은 모험을 탈각한 여정의 로드무비를, 무시간적인 로드무비를 상징하는 작품이며, 이 때문에 오늘날의 관객에게는 오히려 지극히 동시대적인 작품으로 받아들여질 수도 있다. 이 예언적인 불길함을 레드포드/터커는 과연 감지했을까? 영화 결말부에 이르러 터커가 다시 강도 행각을 벌이는 것은 자기가 속한 시대에 대한 충실함(긍정)의 표명일까 아니면 도래할 시대에 대한 거부감(부정)의 표명일까? 혹은, 탈옥과 수감의 반복으로 점철된 터커의 운동 자체가 이미 무시간적 삶이라는 형용 모순의 형식을 구현하고 있는 것이라면? 영화《미스터 스마일》의 마지막에 스크린 위로 떠오르는 문구는 다음과 같다. "현장에 있던 경찰들의 증언에 따르면 그는 체포되었을 때 웃고 있었다고 한다."

3

사진적 인물과 영화적 인물

단순하고 신비로운 장 외스타슈의 단편《알릭스의 사진》을 떠올려 본다. 영화가 시작되면 한 소년이 프레임 안으로 걸어 들어와 벽에 걸린 두 장의 사진을 보고 프레임 바깥의 누군가에게 말을 건넨다. "최근에 작업하신 사진들인가요?" 이에 그렇다고 답하는 한 여성의 목소리가 들려온다. 이어서 소년은 "그동안 작업하신 것들과 다른데요"라고 말한다. 무척이나 간단한 대화지만, 프레임 바깥의 여성이 사진작가이며 소년은 그녀의 작업에 꽤 익숙한 인물이라는 것을 단번에 우리에게 전달하기에 모자람이 없는 경제적인 도입부다. 대체 이 여성은 누구이며 어떤 방식의 사진 작업을 해 왔기에 두 장의 사진을 보았을 뿐인 소년이 한눈에 이례적인 작업이라고 느끼는 것인지 궁금하기도 하다. "아마 그럴 거야"라고 말하며 여성이 프레임 안으로 들어와 모습을 드러내고 나면 우리의 궁금증은 이제 소년에게로 향한다. 이 영화가 처음 상영된 당시는 물론이고 지금도 아주 저명한 사진작가라고는 할 수 없는 이 여성의 예술적 이력을 낯설게 여기지 않는 이 소년의 정체는 무엇인가?

사진작가 알릭스 클레오 루보는 울리포 그룹의 일원으로 작가이자 수학자인 자크 루보의 아내로 1983년 서른한 살에 폐색전증으로 세상을 떠났다. 그녀가 생의 마지막 몇 년 동안 기록하고 남긴 글과 사진은 '일기(Journal)'라는 제목으로 묶여 자크 루보의 서문과 함께 1984년에 처음 출간되었는데, 2009년에 재판이 출간되고 2010년에 '알릭스의 일기(Alix's

Journal)'라는 제목으로 영문판이 출간되면서 비교적 최근에야 재조명되었다. 알릭스는 외스타슈의 절친 가운데 하나였고, 그녀가 외스타슈를 찍은 몇몇 사진을 보고 있노라면 이들이 얼마나 친밀한 사이였는지 어렵지 않게 짐작할 수 있다. 《알릭스의 사진》에 등장해 그녀와 대화를 주고받는 소년은 다름 아닌 외스타슈의 아들 보리스이다.

일견 《알릭스의 사진》은 무척이나 단순한 다큐멘터리처럼 보인다. 알릭스는 보리스와 나란히 앉아 탁자 위에 펼쳐진 그녀의 사진을 하나씩 넘기면서 각각의 사진에 얽힌 이야기를 들려준다. 그런데 어느 순간 우리는 그녀의 설명이 우리 눈에 실제로 보이는 사진과 다소, 때로는 심하게 어긋난다는 점을 깨닫게 된다. 이러한 영화적 수법에 주목한 평자들은 《알릭스의 사진》이 리얼함—'사실성'이라고 하지 않은 건 외스타슈적인 어떤 과도함을 나타내기엔 너무 순화된 느낌을 주어서다—이란 언제나 모종의 조작을 통해 매개적으로 표상되는 것이라는 점을 이미지와 사운드의 불일치를 통해 맵시 있고 간결하게 보여주는 영화라고 간주하곤 했다.

하지만 조금 달리 생각해 보면, 이 영화는 외스타슈에게 명성을 가져다준 대표작 《엄마와 창녀》에서 이미 뚜렷이 감지되었던 영화적 불안에 사로잡힌 작품처럼 보이기도 한다. 외스타슈의 애인 가운데 하나였고 이 영화의 스태프로 참여하기도 했으며 영화 속 등장인물의 모델이 되기도 했던 카트린느 가르니에가 이 영화의 편집본을 보고 나서 "훌륭한 영화야. 그대로 둬"라는 말을 남기고 자살한 일화는 유명하다. 영화적 불안은 다음과 같은 패러독스와 관련되어 있다. 카메라와 마이크 같은 기록 장치로 현실에서 곧바로 건져 올린 이미지와 사운드는 그 자체로는 종종 지루하고 조악하게 느껴질 따름이라 모종의 영화적 조작을 통해서만 비로소 리얼하게 느껴지는 법인데, 이러한 조작이 성공적일수록 리얼함은 또한 점점 위협적이고 참을 수 없는 것이 된다는 패러독스가 그것이다. 《엄마와 창녀》의 대사는 외스타슈가 자신의 애인들과 나눈 대화를 몰래 녹음한 것에 기초해 구성되었다. 당대의 관객들에게 《엄마와 창녀》가 더할 나위 없이 생생하면서도 불편하게 여겨졌던 것은 그것이 이러한 수법을 매개로 저 패러독스 주변에서 아슬아슬하게 줄타기하고 있는 영화였기 때문이리라. 사실상 포르노그래피 영화의 모든 요건을 갖춘 앤디 워홀의 《도색 영화(Blue Movie)》는 외스타슈의 작품과 흥미로운 대조를 이룬다. 여기서 우리는 워홀적인 건조한 유머의 극치를 본다. 워홀 무리가 지켜보는 가운데 카메라 앞에서 실제로 성교를 한 이후 비바와 루이스 월든이 욕실에서 나누는 대화의 일부를 보자.

비바 새로운 불기 기술을 너한테 보여줬나?

루이스 새로운 불기 기술이라니 뭐야?

비바 내가 새로 배운 불기 기술을 너한테 보여주지 않았어?

루이스　　아니.

　　비바　　　돌아봐. 새로운 불기 기술을 보여주려면 무릎
　　　　　　　을 꿇어야 해서. 앗! 물에 다 젖네. (비바가 루이
　　　　　　　스의 성기에 바람을 불어넣는 시늉을 한다.)

　　루이스　　하하, 그건 자지 불기(blow job)잖아!

　현실에서 곧바로 건져 올린 소재는 그 외설성과 직접성에도
불구하고, 오히려 어쩌면 바로 그런 특성 때문에, 리얼하게 비
치기보다는 지루하고 조악하기 짝이 없는 허구의 세계로 떨어
질 뿐이다. 여기서 워홀은 별반 힘들이지 않으면서 웅변적으
로 이를 입증해 보인다. 비바와 루이스의 대화는 세계를 곧이
곧대로 전사(轉寫)하는 작업의 그야말로 실없는 무미함에 상
응하는 것이다.

　　외스타슈가 《알릭스의 사진》을 만든 이유가 그저 알릭스
와의 친분 때문만은 아니었을 거라는 생각이 머리를 스친다.
그녀는 카메라 앞에 놓인 대상을 고스란히 보여주는 사진보다
는 암실에서의 조작을 거쳐 변형의 흔적을 간직한 사진을 선
호했다. 벽에 걸린 두 장의 사진을 보고 "그동안 작업하신 것
들과 다른데요"라고 말하는 보리스는 그녀의 사진으로서는
이례적으로 별다른 조작이 없음을 지적하고 있는 셈이다. (이
것은 그녀가 찍은 사진이 아님이 곧 밝혀진다.) 『알릭스의 일
기』의 서문에서 자크 루보가 밝힌 바에 따르면, 알릭스는 네
거티브 필름에 기록된 이미지란 그저 단순한 '픽션(piction)'

─사진(picture)과 허구(fiction)를 조합한 말─에 불과한 것으로 간주했으며, 생생하게 살아 있는 이미지를 얻기 위해서는 인화 과정에 개입하는 사진가의 손이 필수적이라고 보았다. 《알릭스의 사진》에서 우리가 보게 되는 그녀의 사진들 또한 이중 인화나 브러시의 활용을 통해 변형된 것이 대부분이다.

　《알릭스의 사진》을 주의 깊게 보다 보면, 알릭스와 보리스가 책상 앞에 펼쳐 놓은 사진이 그녀가 사진에 대해 말하는 동안 인서트로 제시되는 사진과 다른 경우(사진 8)도 있음을 알게 된다. 다음과 같은 추정이 가능하다. 자신의 사진에 대한 알릭스의 설명과 사진에 담긴 광경이 일치하지 않는 것은, 외스타슈가 그녀에게 사진에 실제로 보이는 것과 상관없이 엉뚱한 이야기를 풀어보라고 주문해서가 아니다. 알릭스는 자신의 사진에 대해 솔직하게 이야기했을 것이고, 외스타슈는 이를 충실하게 기록했을 것이다. 다만, A라는 사진에 대해 설명하는 알릭스의 목소리와 B라는 사진을 가까이에서 포착한 이미지를 편집 과정에서 나란히 붙인 것이다. 우리는 하나의 사진을 보면서 다른 사진을 듣는다. 우리는 하나의 사진을 들으면서 다른 사진을 본다. 여기에는 이미지와 사운드의 불일치가 있는 것이 아니라 보는 사진과 듣는 사진의 신묘한 중첩이 있다.

　외스타슈는 말을 통해 환기되는 비(非)시각적 이미지, 혹은 청각적 이미지의 가능성에 사로잡힌 사람이기도 했다. 그는 이러한 청각적 이미지를 진정 리얼한 것으로 만드는 영화적 조건은 무엇인지 끊임없이 되물었다. 《엄마와 창녀》에 앞

[사진 8]

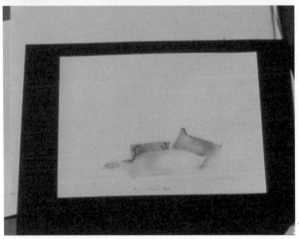

서 만든 그의 첫 장편영화인 《0번》에서, 외스타슈는 두 차례의 세계대전을 겪은 자신의 할머니가 들려주는 인생사를 두 대의 16mm 카메라로 두 시간 동안 고스란히 기록했다. 하지만 그는 생전에 이 작품을 공개하지 않았다. 왜 그랬을까? (전설 같은 사연들이 있기는 하지만 믿기 힘들다.) 어쩌면 《더러운 이야기》 같은 작품이 실마리가 될 수 있지 않을까? 카페 화장실 벽에 난 구멍으로 여자들의 성기를 훔쳐본 경험을 이야기하는 남자가 등장하는 이 영화에서, 우리는 청각적 이미지가 그것과 완전히 부합하지만은 않는 시각적 이미지와 더불어 운용될 때 그 자체만으로는 도달하기 힘든 진정 가공할 만한 리얼함에 이를 수도 있다는 점을 깨닫게 된다.

외스타슈는 이 영화를 두 가지 버전으로 만들어 연이어 보여주는 방식을 취했다. 실제 자신의 경험을 구술하고 있는 (듯한) 장노엘 피크의 모습을 16mm 필름으로 담아낸 다큐멘터리 (같은) 버전, 배우 미셸 롱스달이 피크의 구술을 재연하는 (듯한) 모습을 35mm 필름으로 담아낸 극영화 (같은) 버전이 그것이다. 외스타슈는 청각적 이미지가 리얼함에 이르기 위해서는 무엇보다 그것이 시각적 이미지와 지나치게 직접적으로 관계하지 않도록 유의해야 함을 간파한 것 같다. 보이는 것의 불확정성(실제인가 연기인가)과 들리는 것의 불확정성(솔직한 고백인가 꾸며낸 이야기인가) 사이에서 복잡하게 진동하면서, 어느덧 《더러운 이야기》는 성기를 보여주는 영화도 아니고 성기를 들려주는 영화도 아니고 그야말로 성기 자체인 영화가 되어버린다. 여기서 외스타슈는 패러독스에 더욱 깊이 빠져든다.

이에 비하면 《알릭스의 사진》은 더할 나위 없이 평온해 보이는 작품이다. 여기서 외스타슈는 패러독스에서 벗어난 것처럼 보이기도 한다. 알릭스의 사진과 그 사진에 대한 그녀의 말 사이에서, 즉 시각적 이미지와 청각적 이미지의 간극에서 솟아나는 리얼함은 그다지 위협적이지 않은 방식으로 삶의 미스터리를 더듬는다. 그런데 혹시 이 평온함은 움직이기를 멈춘 이미지, 사진적 이미지와 관련해서만 가능한 것은 아닐까? 새로운 불안이 엄습해 온다. 외스타슈의 물음은 여기서 중단되었다. 그의 영화적 움직임은 여기서 중단되었다. 《알릭스의 사진》이 공개되고 나서 일 년이 지났을 무렵, 1981년 11월 5일, 그는 스스로 목숨을 끊었고 이 영화는 그의 유작으로 남았다.

알릭스가 찍은 외스타슈의 사진 하나가 떠오른다(사진 9). 알릭스 특유의 조작이 가해지기 전의 이미지다. 이 벌거벗은 몸은 리얼한가? 이 또한 하나의 '픽션(piction)'에 지나지 않는 것은 아닐까? 외스타슈 앞에 놓인 테이블에는 레코드판들이 놓여 있고 바닥에는 카세트테이프들이 가지런히 깔려 있다. 어떤 소리가, 어떤 청각적 이미지가 나의 벌거벗은 몸을 포착한 하나의 사진을 리얼한 것으로 만들 수 있을까? 그는 이렇게 물으면서 여전히 탐색 중이다. 적어도 이 사진 속에서는.

2019년 9월 9일에 세상을 떠난 로버트 프랭크와 2022년 9월 10일에 세상을 떠난 윌리엄 클라인, 현대 사진의 출발을 상징

[사진 9]

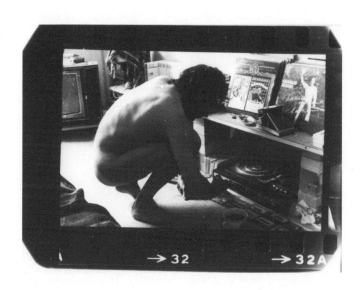

하는 두 인물의 부고가 3년 간격을 두고 코로나 팬데믹 시기의 대략 앞뒤에 들려왔다. 프랭크와 클라인은 사진 작업에서 얻은 통찰—특히, 인물을 포착한 사진적 이미지에서 현실성과 허구성은 분리 불가능하다는 것—을 영화 작업으로 이어가는 일에 전념하기도 했지만, 그들이 타계할 때까지 (그리고 그 이후에도) 영화 문화에서 그들의 노고와 성취에 합당한 관심을 찾아보기란 어려웠다. 이를테면, 데뷔 시절 고다르의 얼굴을 담은 클라인의 사진은 유명하지만 프랑스 누벨바그 태동기에 파리에서 영화를 만들기 시작해 고다르의《기관총부대》와 큐브릭의《닥터 스트레인지러브》사이에서 격렬하게 진동하는《폴리 마구, 당신은 누구세요?》나《미스터 프리덤》처럼 몰아치듯 선동적인 역작들을 내놓은 그의 경력은 영화사(史)에서 종종 배제되곤 한다. 말하자면 우리의 시네필 문화에는 클라인의 영화에 대한 기억이 없기에 그에 대한 애도는 겸연쩍은 일이 되어버린다.

로버트 프랭크는 생전에 필름과 비디오로 30여 편에 달하는 장·단편 작품을 만들었다. 20세기의 가장 영향력 있는 사진집 가운데 하나로 꼽히는『미국인들(The Americans)』은 1958년에 프랑스에서 먼저 출간되었고 잭 케루악의 서문이 실린 미국판은 1959년에 출간되었다. 프랭크의 사진 작업은 한미사진미술관과 아트스페이스 루모스 등에서의 전시를 통해 국내에서 포괄적으로 소개되었으며, 각각의 전시가 열릴 때마다 그의 영화들도 단편 위주로나마 일부 소개된 바 있다.

2021년에 나는 DMZ국제다큐멘터리영화제의 의뢰를 받아 '산책자로서의 여행자'라는 작은 프로그램을 꾸렸는데, 이때 프랭크가 1990년에 만든 《한 시간》을 포함—하라 마사토의 《초국지소지천황》, 크리스 페티와 이언 싱클레어의 《런던 순환도로》, 김보용의 《반도투어》와 더불어—해 상영한 적이 있다. 프랭크의 영화가 한국의 영화관에서 상영된 것은 내가 알기론 이때가 처음이었다.

프랭크의 《한 시간》과 압바스 키아로스타미의 《클로즈업》이 같은 해에 세상에 나온 것은 돌이켜보면 대단히 흥미로운 우연의 일치다. 사실 두 영화는 그 자체로는 닮은 구석이 거의 없다. 비디오카메라를 들고 제목 그대로 한 시간 동안—정확히는 1990년 7월 26일 15시 45분부터 16시 45분까지—뉴욕 맨해튼을 배회하며 찍은 프랭크의 작품은 오히려 키아로스타미가 이로부터 12년 뒤에 내놓은 《텐》과 개념적으로 공유하는 부분이 많다. 실제로 두 편을 묶어 상영하는 기획들도 있다. 하지만 영화의 내부자들은 도저히 생각하기 힘든 방식으로 영화에 접근한 그들이 영화에 전환점을 마련한 시점을 꼽는다면 역시 1990년이다. 영화가 폐색의 기미를 보일 때 종종 시네필리아는 무력하고 무능하기 짝이 없는데, 신기하게도 그때마다 이런 외부적 개입이 적시에 이루어지곤 한다. 나는 프랭크와 키아로스타미가 영화작가이기 전에 무엇보다 사진작가라는 점에 주목할 필요가 있다고 본다. 《한 시간》과 《클로즈업》에서 그들은 서로 다른 방식으로 사진적 인물 특유의 존재론적 양극성을 영화로까지 확장하고 있다.

《한 시간》은 언뜻 보면 편집 없이 이어지는 단순한 기록물 같기도 하다. 그런데 이 작품과 더불어 출간된 각본집에는 여기에 등장한 이들의 이름이 적힌 크레딧 페이지가 있다. 야만적일 만큼 단순해 보이면서도 복잡하기 짝이 없는《한 시간》에 대한 생각은 정작 영화에는 표기되어 있지 않은 이 목록을 보는 순간 더 복잡하게 꼬이기 시작한다. 여기에 배우가 있었다고? 그것도 스물일곱 명씩이나? 그럼 이 영화는 카메라를 들고 한 시간 동안 돌아다니면서 우연히 그 앞을 지나친 사람들을 즉흥적으로 포착한 것이 아니었다는 말인가? 음식점에서의 대화는 미카 모지스가 구성한 것이고 피터 오를로프스키의 대사는 즉흥이라고 되어 있는데, 그렇다면 다른 '배우'들의 대사는? 각본가로 올라 있는 로버트 프랭크와 미칼 로브너의 역할은 대체 무엇이었을까? 과연 이 크레딧은 신뢰할 만한 것일까? 이 영화는 어디까지가 구성된 허구이고 어디까지가 현장의 기록일까? 프랑스 텔레비전의 의뢰로 제작된 이 작품의 프랑스어 제목이 '사실이다(c'est vrai)!'이긴 하지만 말이다. 영화평론가 조너선 로젠봄의 말마따나 이 영화는 거듭 보며 "이해에 다가갈수록 더 불가사의해진다."《한 시간》은 영화가 이토록 단순하면서도 동시에 불가사의하고 복잡할 수 있다는 것을 가장 강력하게 보여주는 실례다.

프랭크의 사진 작업에서 영감을 얻은 것으로 알려진 짐 자무시의《천국보다 낯선》이나 구스 반 산트의《말라 노체》와 《아이다호》같은 작품이 영화광들에게 오래도록 사랑받아 왔음을 떠올려 보면, 폭넓은 관심을 가진 이들 사이에서조차 영화작가로서의 프랭크가 여전히 미지의 영역에 남아 있는 것은 좀 이상한 일이다. 앞서 언급한 자무시 및 반 산트의 영화들과 뚜렷이 시대적으로 공명하면서 케루악의 비트 소설 『길 위에서』가 남긴 유산과 흔적을 1980년대에 다시 더듬는 로드무비 《캔디 마운틴》—몬티 헬먼의《자유의 이차선》을 비롯해 샘 페킨파의《관계의 종말》과 알렉스 콕스의《워커》의 시나리오를 쓴 루디 월리처가 이 영화의 시나리오를 쓰고 공동 연출자로도 참여했다—은 여전히 망각의 강 언저리를 배회하고 있다. 사진작가로 경력을 시작했거나 사진과 영화 작업을 병행한 숱한 작가들 가운데 프랭크의 영화 작업에 대한 영화광들의 무관심은 특이하다고 해도 좋을 정도다.

프랭크의 영화 작업이 재조명되기 시작한 것은 해외에서도 비교적 최근의 일이다. 독일의 예술 서적 출판사 슈타이들(Steidl)이 2008년에 시작한 '로버트 프랭크 프로젝트'는, 프랭크가 기존에 내놓은 모든 사진집을 재출간하고 새로운 사진집을 기획·출간하는 한편, 더불어 그의 모든 영화를 DVD로 출시하는 사업을 포함하고 있었다. 프랭크의 영화작품 전체를 망라하는 DVD 전집 프로젝트는 순차적으로 진행되어 오다 2016년에 8장의 DVD(NTSC 포맷 4장과 PAL 포맷 4

장으로 각각의 구성은 동일)에 담긴 27편의 영화와 4권의 책자로 구성된《로버트 프랭크: 영화 작업(Robert Frank: Film Works)》으로 묶여 나오면서 결실을 보게 된다. 엄밀한 의미에서 이것은 '전집'은 아니다. 아마 법적인 문제 때문이겠지만, 롤링스톤스의 1972년 미국 투어를 기록한 악명높은 다큐멘터리《씹새끼 블루스(Cocksucker Blues)》는 구성에서 빠져있다. 롤링스톤스의 믹 재거는 이 작품을 보고 나서 "로버트, 좆나게 좋은 영화긴 한데 이게 미국에서 상영되면 우린 다신 그 나라로 못 들어가"라며 몇몇 조건에 따른 제한적 상영 이외에는 개봉을 금지했다. 그로서는 드물게 35mm 필름으로 촬영한 프랭크의 유일한 장편극영화인《캔디 마운틴》과 몇몇 단편들도 슈타이들의 DVD 세트에는 수록되어 있지 않다.

한편, 프랭크의 몇몇 영화에서 편집자로 참여한 로라 이스라엘이 연출한 다큐멘터리《깜박이지 마라: 로버트 프랭크(Don't Blink: Robert Frank)》가 뉴욕영화제를 비롯한 여러 영화제에서 상영된 것도 프랭크의 영화 작업에 사람들의 관심을 끄는 계기가 되었다. 사진작가로서만이 아니라 영화작가로서의 그의 이력에도 동등하게 초점을 맞추고 있는 이 다큐멘터리에서, 이따금 프랭크는 자신의 영화들을 다시 보며 그것들과 관련된 이야기를 들려주기도 한다. 그가 장뤽 고다르의 젊은 시절 모습이 담긴 엽서를 들고 거기 쓰인 "명료한 이미지들을 가지고 모호한 관념들에 맞서야 한다"는 고다르의 말을 읽으며 "최고의 지혜지!"라고 논평할 때, 우린 그것이 다름 아닌 프랭크 자신의 작업에 대한 언급이기도 함을 알게 된다.

　여기서는 프랭크의 필모그래피 전체를 두고 그의 영화 작업을 개괄하기보다는, 사진집『미국인들』과 1958년에 제작한 그의 첫 단편영화《풀 마이 데이지(Pull My Daisy)》에 집중해서, 그를 사진에서 영화로 이끈 숨은 동기가 무엇이었을지 고찰해 보기로 하자. 종종 그의 이러한 전환은 사진이 결여하고 있는 영화적 이미지의 움직임에 끌린 결과라는 식으로 설명되곤 했다. 프랭크 자신도 이런 식의 설명을 굳이 부인하지는 않았다. 예컨대 이런 식이다. 그에게 명성을 가져다준, 83장의 사진으로 구성된『미국인들』이 1955년부터 2년 동안 미국 전역을 돌아다니며 찍은 결과물이라는 것은 잘 알려져 있다. 하지만 그가 원한 것은 육체의 이동만이 아니었다. 그는 이미지 자체가 이동하기를 바랐다. 그래서 움직이는 버스 안에서 뉴욕의 풍경을 찍기도 하고 영화용 16mm 카메라로 촬영해 얻은 일련의 이미지를 나란히 콜라주하는 작업을 시도하기도 했다. 그러다 마침내 직접 영화를 만들기에 이르렀다는 것이다. 하지만 과연 그렇게만 생각해도 될까? 작업의 전환을 이끄는 것은 창작자의 개인적 충동이 아니라 그를 넘어서는 매체의 충동이 아닐까?

　『미국인들』을 보고 있노라면 문득 이 사진들에 포착된 사람들은 존재론적으로 어떤 지위에 있는 것인지 궁금해진다. 가령 사진집에 수록된 첫 사진(사진 10)을 보자. 거리에서 부지런히 셔터를 누르고 있던 프랭크가 우연히 포착한 스냅숏처

[사진 10]

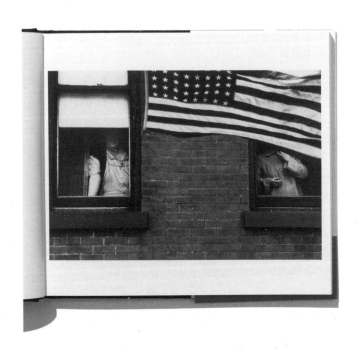

럼 보인다. 이 사진을 찍기 위해 사람들에게 별다른 연출을 가하지는 않았을 것 같다. 그런데 우리는 분명 사실적 존재를 보고 있으면서도 또한 어떤 허구적 존재를 보고 있다는 느낌을 받는다. 꼭 프랭크의 사진이 아니더라도, 사진을 통해 포착된 사람들은 언제나 이처럼 존재론적 양극에 동시에 자리하게 된다고 할 수 있다. 이 독특한 존재론적 형상을 '사진적 인물'이라 부르기로 하자. 카메라 앞에 선 사람들을 철저하게 인위적으로 연출해 얻은 사진의 경우에도 사진적 인물의 형상은 사라지지 않는다. 즉 메이크업과 미장센으로 허구적 존재성을 아무리 강조한다 해도 사실적 존재의 흔적은 절대 지워지지 않는다.

왜 그럴까? 사진은 언제나 세계 자체를 인용하는 데서 출발하기 때문이다. 인용은 현시(presentation), 즉 지금 여기에서 무언가를 있는 그대로 내보이는 것과는 다르다. 텍스트적 기호에 빗대어 말하자면, 사진 이미지를 시각적으로 한정하는 프레임은 일종의 따옴표와도 같다. (반면, 그림 이미지를 시각적으로 한정하는 프레임은 따옴표가 아닌 판면에 빗댈 수 있다.) 인용은 재현(representation), 즉 무언가를 다른 것으로 되풀이해 보여주는 것과도 다르다. 프레임이라는 따옴표 안에서 사진은 여하간 세계의 일부를 내보이고 있기 때문이다. 나아가, 사진에서는 사실적 존재와 허구적 존재가 서로를 강화하는 관계에 있다고까지 할 수 있다. 보도사진처럼 기능적으로 사실성에 집착하는 사진의 인물일수록 들여다보면

볼수록 온갖 이야기를 감춘 것처럼 보이고, 광고사진처럼 기능적으로 허구성에 집착하는 사진의 인물일수록 관람자 앞에 그의 얼굴과 몸에 달라붙은 사실적 특징들을 무방비로 노출해 버리고 만다. 물론 이러한 경험은 지나치다 싶을 만큼 오래 사진을 들여다보는 얄궂은 관람자에게만 해당하는 이야기이기는 하다. 하지만 이처럼 역설적인 긴장이야말로 인물사진이 우리에게 주는 진정한 쾌락의 원천이다.

우리가 흔히 사실적인 사진이라고 부르는 것은 극도로 사실성을 강화함으로써가 아니라 교묘하게 허구적인 요소를 도입함으로써 얻어진다. 이미 지적했듯이, 사진의 사실성이 지나치게 강화되면 허구성이 동시에 강화되면서 급기야 전도(顚倒)가 일어날 수도 있다. 예컨대, 지나치게 적나라한 포르노 사진은 섹스라는 사실 자체를 허구로 만든다. 따라서 사실적인 사진이 되기 위해서는 허구가 적절히 누수되게끔 해야 한다. 포르노 잡지가 모델의 신상을 둘러싼 이야기와 인터뷰 따위를 기어이 포함해야 했던 것도 그 때문이다. 증명사진을 찍는 일에 오랫동안 종사했던 익명의 사진사들 역시 이러한 기제를 잘 알고 있었을 터다. 증명사진이란 사진 속의 인물에 대해 실제론 아무것도 증명하지 않지만 무언가를 증명하고 있다는 인상을 주게끔 상투적으로 가공된 사진이기 때문이다. 그런데, 종종 초점이 어긋나고 기울어져 있기도 하며 흔들리는 상태에서 찍은 듯한 프랭크의 사진은 자칫 그 저널리즘적 과도함으로 인해 사실성의 전도를 초래할 수도 있다. 『미국인

들』에서 진정 흥미로운 부분은 여기서 프랭크가 그러한 전도
를 막기 위해 허구의 누수를 유도하는 여러 다른 방식에 있다.
앞에서 예로 첫 사진의 경우, 바람에 날려 제법 자연스럽게 오
른쪽 창가 쪽 인물의 얼굴을 가려버리는 성조기(국가라는 허
구)와 왼쪽 창가 쪽 인물의 얼굴에 슬쩍 드리워진 그림자(내
면이라는 허구)가 바로 이에 해당한다. 그런데 이는 연출의 결
과가 아니라 프랭크 자신이 찍은 수많은 사진 가운데 이처럼
누수의 광경이 포착된 것을 선택한 결과처럼 보인다.

　『미국인들』에 수록된 적지 않은 사진들에서, 인물들은
각종 프레임(액자, 텔레비전, 드라이브인 극장의 스크린 등)
속의 이미지로 제시되거나 몸의 일부만이 보이는 채로 포착
되기도 한다. 아예 인물이 등장하지 않는 사진들도 있다. 이
사진집의 제목은 분명 '미국'이 아니라 '미국인들'인데도 말이
다. 이렇게 생각해 보면 어떨까? 『미국인들』은 미국이라는 사
실/허구와 인간이라는 허구/사실의 동시적·모순적 공존을 통
해서만 성립 가능한 프랭크 특유의 사진적 인물에 관한 유형
학적 탐구이며, 여기 수록된 사진들을 통해 프랭크는 자신의
사진적 인물을 지탱할 수 있는 허구의 누수율을 여러 방식으
로 가늠해 본 것이라고 말이다. 모순적 복합체인 사진적 인물
의 명료한 현존을 통해 『미국인들』의 인물사진은 '허구 없는
사실'(즉 인간 자체)을 의심치 않는 우파의 모호한 낙관적 관
념에 맞선다. 이와 더불어, 사진적 인물의 명료한 부재를 통해
『미국인들』의 풍경사진은 '사실 없는 허구'(즉 미국 자체)를

폭로한다고 자처하는 좌파의 모호한 비판적 관념에 맞선다. 고다르적인 다짐은 이처럼 프랭크에게서 일찌감치 확고한 실천으로 나타났다.

그가 알프레드 레슬리와 공동연출한 《풀 마이 데이지》는 사진에서 영화로의 이행 또한 사진적 인물의 존재론적 양극성에 대한 그의 관심에서 비롯된 것일 수 있음을 짐작게 하는 작품이다. 이러한 이행은 일종의 도전이기도 한데, 이유인즉 영화적 이미지는 인물과 관련해서 허구와 사실의 동시적·모순적 공존을 배제하는 경향이 있기 때문이다. 우리는 영화를 볼 때 극영화의 경우 허구적으로, 다큐멘터리의 경우 사실적으로 인물을 받아들이는 데 익숙하다. 그런데 영화의 스틸 사진은 영화적 이미지에서 억압되어 있던 존재론적 극을 다시 활성화하는 경향이 있다. 이는 간단히 확인할 수 있다. 우리는 《미션 임파서블》 시리즈 가운데 한 편을 볼 때 (톰 크루즈가 연기한) 이선 헌트를 지각하는 반면, 이 영화에서 발췌한 스틸 사진을 볼 때는 동일한 존재를 (이선 헌트를 연기한) 톰 크루즈로 지각하는 경향이 있다. (다큐멘터리의 경우는 어떨까? 이는 독자 각각의 실험에 맡기겠다.) 특히, 원본 영화에 대한 지식이나 아무런 정보가 없는 관람자에게 스틸 사진 속의 인물은 철저하게 존재론적 양극성을 띤 대상으로 비칠 것이다. 크루즈를 아예 모르는 사람이라도 최소한 '뭔가 이러저러한 것도 같고 이러저러한 척하고 있는 것도 같은 잘생긴 남자' 정도는 지각한다는 말이다. 그렇다면 인위적으로 스틸 사진으로 환원시키는 방식에 의존하지 않으면서 존재론적 양극성을 영화적 이미지 내에서 활성화하는 일은 어떻게 가능할까? 신기한 일이지만, 19세기 말에 탄생한 영화는 이후 반 세기 가까운 시간 동안 이 문제에 거의 무관심한 채로 남아있었다.

프랭크가 본격적으로 영화에 투신한 1950년대 후반은 영화적 인물의 존재론적 양극성을 활성화하는 문제를 두고 여러 영화작가들이 나름의 방식으로 씨름하기 시작하던 시기이기도 하다. 흥미롭게도, 프랭크가 《풀 마이 데이지》를 제작하던 무렵, 대서양 건너편에서는 다큐멘터리스트인 장 루슈가 《나, 흑인》에서 존재론적 양극성을 띤 영화적 인물의 형상화라는 도전에 임하고 있었다. 영화감독으로 데뷔하기 직전의 고다르는 이 영화를 보고 흥분해서 "프랑스영화라는 늪지대 속의 포석"이라며 극찬하기도 했다. 여기서 루슈는 비배우(non-actor) 출연자들에게 사운드트랙이 없는 가편집 상태의 필름을 보여주고는 각자 즉흥적으로 코멘트하게 한 뒤 이를 보이스오버 내레이션으로 활용했다. 당시 프랭크가 이 작업에 대해 알고 있었을 가능성은 없다. 그런데 《풀 마이 데이지》의 보이스오버 내레이션 구성 방법은 《나, 흑인》과 놀랄 만큼 흡사하다. 별다른 사운드 장비 없이 무성으로 촬영된 《풀 마이 데이지》의 편집을 마친 뒤, 프랭크는 케루악으로 하여금 편집본을 보면서 즉흥적으로 이야기하게 하고 이를 보이스오버로 활용했다. 케루악의 보이스오버는 단지 영화 속 상황에 대한 묘사만이 아니라 인물들의 대사까지 담당하고 있다. 루슈의 비배우들과 케루악의 중요한 차이라면, 여기서 그는 영화에 등장하는 인물이 아니라는 점이다. 이러한 즉흥적 보이스오버는 관객이 영화적 이미지로부터 얼마간 거리를 두게 하면서 허구나 사실 어느 쪽으로도 쉽사리 경도되지 않게 하는 효과를 낳는다. 프랭크와 루슈 모두에게 보이스오버는 그 자체로 존재론적 양극성을 띤 사진적 이미지와는 달리 양극성을 억압하는 경향이 있는 영화적 이미지의 구속을 풀어놓는 장치가 되고 있다.

『미국인들』에서 존재론적 양극성을 띤 사진적 인물의 유형학적 탐구를 수행했던 프랭크는,《풀 마이 데이지》에서 영화적 인물과 관련해서도 다양한 유형학적 탐구를 시도한다. 장르적으로는 분명하게 극영화라고 할 수 있는 프랭크 영화의 출연자들은 루슈의 경우처럼 비배우에 국한되지 않으며 유형도 훨씬 복잡하다. 다만, 영화의 줄거리 자체는 간단하다. 철도노동자이자 색소폰 연주자인 남편 마일로, 화가인 아내, 그리고 부부의 아들이 사는 집에 남편의 친구들이 들이닥친다. 아내는 집에 한 전도사 가족을 초대하는데 이들의 방문은 남편의 친구들로 인해 엉망이 되어버린다. 프랭크가 각각의 등장인물을 연기할 이들을 캐스팅한 방식은 흥미롭다. 아내 역은 델핀 세리그가 맡았는데, 당시 화가 잭 영거맨과 결혼한 상태였고 갓 경력을 쌓고 있던 신인배우였던 그녀는 이후 알랭 레네의《지난해 마리앵바드에서》, 샹탈 아커만의《잔느 딜망》, 마르그리트 뒤라스의《인디아 송》 등에 출연하며 널리 알려진다. 남편 역을 연기한 이는 화가인 래리 리버스였고, 부부의 아들로 출연한 아이는 로버트 프랭크의 아들인 파블로 프랭크다. 한편, 남편의 친구로 출연하고 있는 앨런 긴즈버그, 피터 오를로프스키, 그레고리 코소는 (보이스오버를 맡은 케루악과 더불어) 이른바 비트 세대의 작가들로 영화에서 그들은 실명 그대로 스스로를 연기한다. 이처럼 《풀 마이 데이지》에서 허구와 사실의 양극을 관계짓는 인물 양상들은 꽤 다양하다. 프랭크는 이처럼 다양한 양상들을 한꺼번에 스크린 공간에 모아두고, 정작 스크린에는 보이지 않는 케루악이 즉흥적으로 내뱉은 말들을 통해 영화적 이미지를 불안정하게 만듦으로써, 각각의 양상에 따라 영화적 인물의 존재론적 양극성은 어떤 식으로 활성화되는지를 탐구한다.

　　《풀 마이 데이지》 중반부의 한 장면에서 발췌한 두 개의 프레임을 보자(사진 11). 별다른 정보 없이 스틸 사진처럼 바라보면 프랭크가 『미국인들』 작업 당시 촬영했으나 사진집에는 최종적으로 수록하지 않은 사진들이라고 해도 믿을 수 있을 정도다. 머리에 스카프를 두르고 아이(파블로 프랭크)의 손을 잡고 있는 여인이 델핀 세리그라는 사실을 모르고, 휘날리는 성조기에 가린 채 설교하고 있는 전도사가 실은 미술상인 리처드 벨라미라는 사실을 모른다면 말이다. 그런데 영화에서라면 사정이 좀 달라진다. 《풀 마이 데이지》에서 이 장면은 매우 특별한 방식으로 처리되어 있다. 남편 친구들이 전도사에게 짓궂은 질문을 퍼붓는 동안 아내는 자신이 전도사를

[사진 11]

처음 보았던 순간을 떠올린다. 이때 돌연 플래시백이 시작되고, 케루악의 보이스오버는 사라지며, 우리는 데이빗 암람의 음악과 함께 그야말로 무성영화 상태로 이 장면을 보게 된다. 진정 영화적 내기가 시작되는 것은 바로 이 지점이다. 우리는 이 장면에 등장하는 인물들이 맡은 배역과 무관하게 그들을 존재론적 양극성을 띤 영화적 인물로 경험할 수 있을까? 이 물음은 세리그와 벨라미에 대한 정보를 알고 있느냐의 여부와는 무관한 것이다. 그저 이 스크린적 존재들을 카메라 앞에 서서 연기를 하는 사람이자 허구적인 이야기의 등장인물로서 동시에 경험하는가에 대한 물음일 뿐이다. 내 생각에 프랭크는 이에 부정적이었던 것 같다. 그리고 영화적 인물의 존재론적 양극성을 활성화시킨다는 문제는 그의 이후 작업으로, 특히 첫 장편영화인 《나와 내 동생》 같은 작업으로 유예된다.

《풀 마이 데이지》는 1959년 11월에 뉴욕에서 시네마 16(오스트리아 출신의 저명한 영화평론가이자 기획자로 뉴욕영화제의 창립자 가운데 하나인 아모스 포겔이 설립한 시네클럽)을 통해 처음으로 공개되었다. 공교롭게도, 이 영화는 당시 대서양 건너에서 발흥하고 있던 새로운 영화 운동의 기운에 상응하는 미국 독립영화의 대표작으로 꼽히는 존 카사베츠의 첫 장편 《그림자들》과 묶여 상영되었다. (이후 1968년에 프랭크가 《나와 내 동생》을 내놓았을 때도, 이 작품은 카사베츠의 《얼굴들》과 나란히 베니스영화제 경쟁부문에 초청되었다.) 카사베츠의 영화가 즉각적으로 영화사(史)적 정전의 자리에 올라 오늘날까지도 거듭 상영되고 기억되고 있는 반면, 프랭크의 영화는 거의 망각 속으로 사라졌다가 비교적 최근에야 재조명되고 있음은 앞에서 서술한 바와 같다.

첫 상영 당시 시네마16에서《풀 마이 데이지》를 보고 열광한 소수의 관객들 가운데는 영화감독이자 시인이고 평론가이며 뛰어난 기획자이기도 한 요나스 메카스도 있었다.《빌리지 보이스》에 연재하고 있던 자신의 영화 칼럼에서, 그는 다소 과장과 엄살이 깃든 어조로 "《풀 마이 데이지》가 나온 이후에 이것을 이정표로 삼지 않고서 어떤 영화에 대해 어떻게 논평해야 할지 모르겠다"라고 쓴다. 물론 이처럼 과감한 단언이 없다면 애초에 비평이란 존재 의의가 없는 것이기는 하다. 메카스의 글은 주로《풀 마이 데이지》의 촬영에 초점을 맞추고 있는데, 분명 이는 프랭크가 논쟁적인 사진집『미국인들』의 사진작가로서 경력을 쌓은 뒤에 영화로 이행한 이라는 점을 염두에 두었기 때문일 터다. 거칠기는 해도 뤼미에르적 초기영화의 그것과 닮은 "사실성과 직접성의 감각"을 지닌《풀 마이 데이지》의 촬영은, 메카스가 보기에 "위생적인 매끄러움(hygienic slickness)"에 몰두한 나머지 오히려 시각적 아름다움과 진실로부터 멀어진 당대의 미국영화와 유럽영화에 대한 안티테제였다.

앞에서 나는 프랭크가 자신의 영화 작업에서 시도한 것은 사진적 인물과는 달리 여간해선 존재론적 양극성을 띠기 힘든 영화적 인물에 그러한 양극성을 부여하는 것이었을 수 있다는 가설을 제시했다. 그런데 메카스는 프랭크가 영화적 인물을 다루는 방식에는 거의 주목하지 않고 있다. 메카스가 프랭크의 영화적 인물에 대해 언급하는 것은 그의 두 번째 영화인 37분짜리 단편《예수의 죄》―이 영화에서 메카스는 천사의 무리 가운데 하나로 출연하기도 했다―와 관련해 "여성적 감수성"을 띤 이 작품이 "여성의 눈으로 본 여성의 운명을 남성이 생각하는 바대로" 보여주고 있음을 지적하는 것 정도다. 프랭크의 영화가 뤼미에르적 사실성과 직접성을 당대 영화에 회복시키고 있다고 보았던 메카스는,《나와 내 동생》이 공개될 즈음에는 프랭크의 영화적 기획이 자신의 기대와는 다른 방향을 겨냥하고 있는 것에 대해 격한 분노를 쏟아내기에 이른다.《빌리지 보이스》1969년 2월 20일 자 칼럼에서 그는 다음과 같이 썼다.

> 작업 중인 영화들을 절대 미편집본 상태로 봐서는 안 된다. 나는 편집되지 않은 형태로 또는 편집 초반부에《나와 내 동생》의 일부를 보았고 촬영본이 아주 강렬하다고 생각했다. 대단한 임팩트가 있었다. 나는 굉장한 영화 한 편을 보고 있다고 생각했다. 하지만 완성된 영화를 보니 촬영본은 산산조각이 나서 온갖 종류의 피상적인 관념들이 그 위에 부과되거나 중첩되어 있었고 더는 어떤 임팩트도 없었다. 적어도 내게는 그랬다.

프랭크의 영화에 관한 책자의 공동편집자인 슈테판 그리스만에 따르면,《나와 내 동생》에서 프랭크가 겨냥한 것은 그때까지 직접성과 사실성이라는 면에서 그의 영화를 이해해 왔던 이들에게 경악을 안겨주는 것이었다. 프랭크의 필모그래피에서《나와 내 동생》만큼 야심적인 작품은 또 찾아보기 힘들다. 하지만 메카스가 영리한 속임수라며 비판하고 있는 "영화 속의 영화 속의 영화" 식의 복잡한 구조를 시도했다는 것 따위는 그러한 야심과 아무런 관련도 없다. 영화와 사진을 막론하고 프랭크의 작업에서 이러한 구조는 그 자체로 목적도 아니고 수단도 아니며 존재론적 양극성을 띤 인물을 활성화하는 과정에서 발생한 부산물일 뿐이다. 온갖 모더니즘적 장치와 기법들이 동원된 영화처럼 보이기는 해도《나와 내 동생》의 줄거리를 요약하는 일은 생각보다 어렵지 않다. 다만 불필요하게 지면이 소요될 뿐이고 무엇보다 이 영화에 대해 논하는 데 아무런 쓸모도 없을 뿐이다. 내가 생각하기로는, 여기서 프랭크가 겨냥하고 있는 목표는 그리스만의 지적보다 훨씬 야심적이다. 데뷔작인《풀 마이 데이지》에서 시도했으나 두 편의 극영화—《예수의 죄》와《그래 여기서 끝내》—를 만들면서 잠시 제쳐두었던 문제, 즉 존재론적 양극성을 띤 영화적 인물의 형상화라는 문제에 가능한 방법을 총동원해 다시 접근해 보는 것이 그것이다.

《나와 내 동생》은 1965년부터 1968년까지 4년에 걸쳐 촬영되었다. 배우이면서 희곡과 시나리오를 쓰기도 하는 작가로도 잘 알려진, 당시에는 경력 초기에 있던 샘 셰퍼드가 공동 각본가로 참여했는데, 이는 그의 첫 영화 작업이기도 했다. 훗날 저명한 배우가 된 크리스토퍼 워큰의 첫 극장용 장편영화 출연작이라는 점도 눈길을 끌 법하다. 하지만 이 영화에서 가장 중요한 인물은 피터 오를로프스키—그의 파트너인 앨런 긴즈버그와 함께 《풀 마이 데이지》에도 출연한 바 있다—의 실제 동생인 줄리어스 오를로프스키다. 그는 긴장성 분열증에 시달리던 정신적으로 불안정한 사람이었다. 그는 자신의 형과 긴즈버그가 순회 낭독회를 다니는 동안 그들과 동행했고 프랭크는 카메라를 들고 다니며 이들을 촬영했다. 그런데 여행 도중 그가 사라져 버리자 프랭크는 실험극단 오픈씨어터의 리더였던 조지프 체이킨을 줄리어스 역으로 캐스팅해 촬영을 계속한다. 흥미롭게도, 체이킨의 이름은 영화의 오프닝 크레딧에는 나오지 않고 한 소규모 영화관에서 상영되는 '영화 속 영화'의 엔딩 크레딧에 등장한다(사진 12). '나와 내 동생'은 이 영화 속 영화의 제목이기도 한데, 엔딩 크레딧이 나오는 동안 객석의 한 관객은 카메라 쪽을 보며 "이건 멋진 영화에요. 대단해요. 정말 맘에 듭니다"라고 말한다. 체이킨에 뒤이어 오픈씨어터의 다른 배우들 몇몇도 프랭크의 영화에 합류하게 된다.

이렇게 해서, 《나와 내 동생》은 여간해선 허구적으로 받아들이기 힘든 한 명의 리얼한 존재로서 비배우인 줄리어스를 중심에 두고, 줄리어스를 연기하고자 노력하는 체이킨, 앨런

[사진 12]

이나 피터처럼 자기 자신을 연기하는 또 다른 비배우들, 앨런과 피터 역을 비롯해 특정한 배역을 연기하는 전문배우들—워큰의 경우에는 영화 속 감독 역할을 맡았는데 이따금 그가 말할 때 정작 들리는 것은 프랭크의 목소리다—이 어우러져 만들어 내는 "연행(performative act)으로서의 삶에 대한 영화"(에이미 토빈)가 된다.《나와 내 동생》에서 허구와 사실 사이에 펼쳐진 스펙트럼의 다양한 위치에 자리하고 있는 이러한 사람들은 이따금 경계 없이 뒤섞이기도 한다(사진 13).

　　프랭크는 영화 도입부에 "이 영화의 모든 인물과 사건들은 사실이다. 사실적이지 않은 것은 무엇이건 순전히 나의 상상이다"라는 안내 문구를 넣기까지 했는데, 엄밀히 따지자면 이 문구가 주장하고 있는 내용은 사실이 아니다. 달리 말하자면, 이 문구 자체도 연행의 일종이다. 즉 이 문구는 롤링스톤스의 1972년 미국 투어를 기록한《씹새끼 블루스》의 그것처럼 진술적 가치가 없는 것이라고 간주해야 한다.《씹새끼 블루스》는 "수록곡들을 제외하면 이 영화에 묘사된 사건들은 허구다. 실제 인물과 사건들을 묘사하려는 의도는 전혀 없었다"는 짐짓 상투적인 안내 문구로 시작한다.《씹새끼 블루스》는 국제적으로 알려진 스타들이라고 하는, 현실에서 허구적 삶을 수행하는 일이 곧 그들의 사실이 되는 존재들에게서 허구를 난폭하게 벗겨 버리는 방식으로 논란을 일으켰던 작품이다. 그러니까 이 영화는 정확히 반대 방향에서《나와 내 동생》의 영화적 운동을 반복하고 있는 셈이다. 하지만 젠체하는 것

[사진 13]

줄리어스(왼쪽)와 줄리어스 역을 맡은 체이킨(오른쪽)이 함께
앨런 긴즈버그(가운데)의 이야기를 듣고 있는 장면

처럼 비치기 십상인 이런 식의 설정이 메카스 같은 이들을 분노하게 만든 이유이기도 했을 터다.

심한 긴장성 분열증을 앓고 있는 줄리어스는 영화가 진행되는 동안 거의 입을 열지 않는다. 이 때문에 우리는 그가 어떤 생각과 태도를 지닌 존재인지를 전혀 파악할 수 없다. 그의 주변에 있는 사람이 실제 인물이건 특정한 배역을 맡아 연기하는 중인 배우이건, 그의 주변에 있는 카메라가 다큐멘터리를 염두에 둔 것이건 극영화를 염두에 둔 것이건, 무엇에도 아랑곳하지 않는 줄리어스는 집요하게 한 명의 정신질환자로, 따라서 여간해선 허구화되기 힘든 강고하게 리얼한 인물로 남는 것 같다. 일견 복잡해 보이는《나와 내 동생》의 구조는 이처럼 강고하게 리얼한 인물을 타격하여 허구적인 것의 가능성을 열고 존재론적 양극성을 띤 형상을 출현시키기 위한 부지런한 영화적 활동의 소산이다. 프랭크는 한 장면이 다음 장면으로 바뀔 때 앞선 장면의 특정 순간을 사진으로 액자화해 보여주기도 하는데(사진 14), 이는 포착된 대상을 언제나 사실과 허구라는 존재론적 양극에 동시에 정착시키는 사진의 강력한 힘을 영화로 이식하는 것이야말로《나와 내 동생》의 진정한 도전임을 암시한다. 하지만 줄리어스는 온갖 영화적 타격에도 끄떡없는 채로 남는 것 같고 그를 연기하고 있는 체이킨만이 하릴없이 이런저런 말들을 내뱉을 따름이다.

결국 프랭크의 시도는 이번에도 무위로 끝나는가 싶은 무렵, 관객을 완전히 혼란에 몰아넣는 순간이 온다. 카메라 앞

[사진 14]

에 선 줄리어스가 말하기 시작하는 것이다! 더듬거릴 때도 있지만 꽤 분명하고 조리 있게 말이다. 우리는 여행 도중 사라졌던 그가 한동안 병원에 수용되었음을 알게 된다. 프랭크도 알지 못하고 우리도 알지 못하는 이 부재의 시간이 줄리어스라는 인물과 관련해 슬며시 허구의 가능성을 열어 놓는다. 줄리어스는 전기충격 치료의 경험에 대해, 앨런과 피터에 대해, 그리고 연기에 대해 말한다. "연기는 내가 협력할 수 있는 게 아냐. (⋯) 연기는 어떨 때는⋯ 가끔은 내 사고 과정을 벗어나거든. 그건 시간 낭비 같아. (⋯) 카메라는 음⋯ 뭐 같냐면⋯ 불만, 혹은 혐오, 혹은 실망을 비추는 것 같고⋯ 도움 안 되고⋯ 설명 안 하는, 아니 설명 못 하는 것 같아⋯ 어쩌면 있을지도 모를 어떤 진정한 진실을 드러내기엔 말야." 여전히 그의 몸짓은 정신질환자의 그것이지만, 이제 우리는 그동안 줄리어스를 본 것인지, 줄리어스라는 인물을 연기한 줄리어스를 본 것인지 확신할 수 없다. 카메라에 포착된 세계의 저편, 프레임 바깥의 시공간을 통과해 온 이를 둘러싼 조각과 파편 들이 만들어 내는 미스터리, 이는 훗날 사진으로 귀환한 프랭크가 중요한 지침으로 삼게 될 그러한 것이다.

홍상수의 두 번째 장편 《강원도의 힘》의 한 장면. 울창하게 나무가 우거진 숲속 계곡, 함께 강원도로 여행을 온 세 여자 가운데 하나가 다른 둘의 사진을 찍고 있다. 카메라를 든 여자는 친구들의 사진을 찍다가 "야, 근데 너네 이제 보니까 되게 비슷하게 생겼다"라고 말한다. 다르지만 닮은 이들, 혹은 닮았지만 다른 이들이 공존하는 세계의 기묘한 감각이야말로 홍상수 영화의 동력이자 효과이기도 함을 알고 있는 이에게 이런 대사는 꽤 의미심장하게 울릴 터다. 게다가 그 말이 카메라를 든 여자의 입에서 나온 것임을 고려하면, 벤치에서 졸고 있는 이선균의 모습을 카메라에 담던 《옥희의 영화》의 서영화, 그리고 영원 같은 하루 동안 북촌을 배회하고 있는 유준상을 멈춰 세워 카메라에 담던 《북촌방향》의 고현정, 파란색 폴라로이드 카메라로 정진영의 사진을 찍고 나서 아무렇지도 않게 "내가 당신을 찍은 후에는, 당신은 더 이상 같은 사람이 아니거든요"라고 말하는 《클레어의 카메라》의 이자벨 위페르 같은 여자들이, 숲속에서 친구들의 사진을 찍던 저 '마녀'에 공통의 기원을 둔 것은 아닐까 하는 환상적인 상상에까지 이르게 된다. 홍상수의 영화에서 카메라를 든 여자라는 존재는 다름과 닮음의 교차로 인해 세계의 변형이 일어날 것임을 알리는 경고이거나 등장인물들과 우리가 이미 그 변형된 세계 속에 들어와 버렸음을 확언하는 지표일 수 있다.

홍상수의 스무 번째 장편영화 《클레어의 카메라》는 2016년 칸영화제 기간에 현지에서 단 아흐레 동안 촬영해 완성한 작품이다. (당시 이 영화의 주연들 가운데 김민희는 박찬욱의 《아가씨》로, 이자벨 위페르는 폴 버호벤의 《엘르》로 경쟁부문 레드카펫을 밟았지만 초청작 가운데 홍상수의 영화는 없었다. 그런데 《클레어의 카메라》에 등장하는 영화 배급사 부스에는 그때는 아직 공개되기 전이었던《당신 자신과 당신의 것》포스터가 붙어 있다.) 이런 소품이 홍상수가 점점 가까이 다가가고 있던 영화적 이미지의 사진화라는 이상에 도달하는 데 거의 성공한 것처럼 보인다는 것은 참으로 놀라운 일이다. 아니, 어쩌면 그 가벼움과 단출함이 바로 성공의 비결이었는지도 모른다. 이때 홍상수가 겨냥하고 있는 영화의 사진화는 구로사와 기요시가 겨냥하고 있는 영화의 사진화, 흡사 '산책하는 침략자'처럼 엄습하는 사진의 식물적 수동성을 영화로 이식하는 작업(이에 대해서는 다음 절에서 자세히 다룰 것이다)과는 다르다.

홍상수에게 있어 영화의 사진화는 사진의 여성적 명료함이라 부를 수 있을 특성이 영화에 온전히 스며들 수 있도록 말, 사물, 인물, 장소 그리고 이미지의 최적화된 배열을 찾는 일이다. 달리 말하자면 구조를 활용하되 그것이 너무나 투명해서 구조로 느껴지지 않는 그런 구조를 찾는 일이다. 종래의 홍상수 영화에서 흔히 볼 수 있었던 이중 내지는 다중 구조의 갈지자형 걸음에 의존하지 않으면서 그러한 구조의 효과만은 여전히 강렬하게 내뿜는 직선을 그리는 발걸음을 내딛는 일이다.《당신 자신과 당신의 것》과 더불어《클레어의 카메라》는 철저히 표면적이기 때문에 오히려 깊이에 대한 불안을 낳고, 직선의 경로에서 이탈하지 않으면서도 이중나선의 효과를 내는, 극도로 단순하면서도 기기묘묘한 영화다.《클레어의 카메라》의 영화 배급사 부스에《당신 자신과 당신의 것》포스터가 붙어 있는 것이 무척이나 흥미로운 우연(?)의 일치로 보이는 것도 이런 이유 때문이다.

그렇다면 홍상수의 영화가 우리에게 숙고해 보게끔 하는 사진의 여성적 명료함이란 무엇인가? 사실 '클레어의 카메라 (La caméra de Claire)'라는 제목 자체가 일종의 노골적인 지침처럼 여겨지기도 한다. 클레어라는 이름은 '밝은', '맑은', '화창한', '투명한', '분명한', '명료한' 등등의 뜻을 지닌 프랑스어 형용사 'clair'의 여성형이고, 주지하다시피 (프랑스어로는 여성명사에 해당하는) 카메라는 '방'을 뜻하는 라틴어에 기원을 두고 있다. '클레어의 카메라'라는 제목에서 우리가 즉각 떠올리는 것은 롤랑 바르트의 '밝은 방(la chambre claire)' 혹은 '카메라 루시다(camera lucida)'이다. 이쯤에서 1980년에 출간된 바르트의 사진론『밝은 방』의 다음 부분을 음미해 보자.

> 사진이란 깊이 파고들 수 없는 것이라면 그것은 자명함의 힘 때문이다. 이미지 안에서 대상은 일괄적으로 주어지며 그러한 대상에 대한 우리의 시각은 분명하다. 이는 애매하고 논란이 될 만한 방식으로 내게 대상을 건네주는, 그리하여 내가 보고 있다고 생각하는 것을 불신하게 만드는 텍스트나 다른 지각작용들과는 다른 특성이다. 사진의 이러한 확실함이 절대적인 이유는 내게 열심히 사진을 들여다볼 수 있는 여유가 주어지기 때문이다. 하지만 또한, 이

러한 관찰을 아무리 연장한다 해도 그것은 내게 아무것도 가르쳐 주지 않는다. 사진의 확실함은 정확히 이 해석의 정지 속에 놓여 있다. (…) 하지만 또한, 아아! 이 사진에 대해 아무것도 말할 수 없는 나의 무능력은 사진의 그 확실함에 비례한다.

여기서 바르트가 강조하고 있는 것은 자명함, 분명함, 확실함, 또는 명료함이라는 특성 때문에 사진이란 그저 '쉬운' 것이라고 이해해 버려서는 곤란하다는 점이다. 사진이란 '헤픈 여자(easy virtue)'가 아니다. 오히려 사진에는 도무지 어찌해 볼 수 없는 부조리함이 있으며 이것이야말로 바르트로 하여금 탄식을 내뱉게 하는 원인이 된다. 그렇다면 그 부조리함이란 무엇인가? 1964년에 발표한 글 「이미지의 수사학」에서 이미 바르트는 영화의 허구적인 '여기-있음(l'être-là)'의 의식—이런 의식이 없다면 현재 실제로 벌어지고 있는 일이 아님을 분명히 알면서도 영화를 보며 놀라는 경험은 가능하지 않을 터다—에 대비되는 사진의 '여기-있었음'(l'avoir-été-là)'의 의식에 주목한 바 있다. 사진이 우리를 아연실색케 하는 것은 여기(ici)라고 하는 즉각적인 장소와 예전(autrefois)이라고 하는 이전의 시간이 비논리적으로 결합된 새로운 범주의 시공간을 아무렇지도 않은 듯 더할 나위 없이 명료하게 생산해 내기 때문이다. 내가 생각하는 홍상수 영화의 여성적 명료함이란 것 또한 정확히 이런 의미에서다. 지금 스크린에서 펼쳐지는 어떤 장면이 결코 플래시백이 아닌데도 어쩐지 시제가 불분명하게 느껴지는 듯한 경험은 대략 2010년 이후로 홍상수의 영화를 꾸준히 보아온 관객에게 꽤 익숙한 것일 터다. 그런데 《당신 자신과 당신의 것》과 《클레어의 카메라》에서 그러한 경험은 종종 차이와 반복으로 특징지어지는 홍상수적 구조나 《북촌방향》, 《그 후》 또는 《강변호텔》의 경우처럼 흑백 화면이라는 시각적 처리의 효과가 아니라, (거짓)말과 사물의 힘을 빌려 사진의 명료한 비논리성을 영화적 이미지에 이식한 결과 가능해지게 된 것이다.

《클레어의 카메라》에서 이러한 이식이 얼마나 단순한 방식으로 맵시 있게 이루어지는지를 잘 보여주는 부분은 클레어(이자벨 위페르)와 영화감독 완수(정진영), 그리고 해외 배급사 대표인 양혜(장미희)가 중국식당에서 대화를 나누는 장면이다. 클레어의 뒤편에 있는 유리창을 가까이서 잡은 화면으로 시작해 화면 바깥에서 그녀가 폴라로이드 카메라를 작동하는 소리가 들리고 플래시 불빛이 비치고 나면 카메라는 줌아웃해서 세 인물을 한 화면에 담아 보여준다. 시각적으로만 놓고 보면 이 장면에는 어떤 속임수도 없고 어떤 수수께끼도 없다. 하지만 이 장면이 클레어의 폴라로이드 카메라에서 나오는 플래시 불빛으로 시작하는 것 자체가 이미 일종의 신호다. 영화에서 클레어가 처음 사진을 찍는 것은 바로 이 장면에서다. 그녀가 사진을 찍고 난 이후 무언가 달라졌고, 이제 영화는 돌이킬 수 없이 사진화되고 또 여성화되기 시작할 것이다.

이 영화는 서로 모순되는 설정들로 가득하다. 중국식당 창문의 빛으로 미루어 볼 때 세 사람이 식사하고 대화를 나누고 있는 때는 늦은 오후이거나 해 질 녘이다(사진 15). 그런데 둘을 남겨두고 먼저 자리를 떠났던 클레어가 자신이 두고 간 코트를 찾으러 되돌아왔을 때 창문의 빛을 보면 한낮이다(사진 16). 클레어는 완수와 양혜에게 자신이 찍은 만희(김민희)의 사진을 보여주며 "오늘 아침" 칸에 처음 도착했을 때 큰 호텔 옥상에서 찍었다고 이야기하는데 이 식당 장면에 바로 이어지는 장면에서 우리는 클레어와 만희가 해변에서 처음 만나는 모습을 보게 된다(사진 17). 식당에 오기 전 둘이서 해변에서 대화를 나눌 때 양혜는 완수에게 만희는 "언어 머리가 아예 없어" 영어를 못한다고 말하는데 영화에서 만희는 클레어와 영어로 대화하는 데 아무런 어려움이 없다. 해변에서 클레어가 만희를 만날 때 입고 있는 옷은 중국식당 장면에서 입고 있는 옷과 동일하다. 그리고 중국식당 장면에서 양혜가 입고 있는 옷은 그녀가 만희를 해고할 때 입고 있는 옷과 동일하다(사진 18). 반면 해고 통보를 받을 때와 그로부터 사흘 후 해변에서 클레어를 처음 만날 때 만희가 입고 있는 옷은 서로 다르다. 그렇다면 클레어가 만희를 만난 날은 양혜가 만희를 해고한 날일까 아니면 그로부터 사흘 후일까? 클레어가 완수와 양혜에게 보여주는 만희의 사진(사진 19)을 보면 만희는 갈색 코트를 입고 있다. 우리는 영화의 후반부 옥상 파티 장면에서 완수가 만희의 짧은 반바지 차림을 질책할 때 만희 옆

[사진 15-17]

에 놓인 가방 위에 이 코트가 걸쳐져 있는 것을 보게 된다(사진 20). 완수가 자리를 뜨고 나자 클레어가 나타나 울고 있는 만희의 모습을 찍는다. 이때 만희와 클레어는 흡사 처음 만난 사람들인 것처럼 보인다. 대체 이 옥상 파티는 언제 열린 것인가?

이 글을 읽고 있는 누구나, 특히 《클레어의 카메라》를 이미 본 사람이라면 더더욱, 위와 같은 기술은 너무 장황하고 번잡하다고 느낄 것이다. 영화의 특정 장면을 세세히 기술하는 데 지면을 낭비하는 글을 끔찍이 싫어하는 내게는 더욱 그렇게 느껴진다. 위와 같은 기술은 바르트가 말한 대로 "애매하고 논란이 될 만한 방식으로" 대상을 건네주는 텍스트의 전형이다. 그런데 위에 기술한 장면들이 모두 담겨 있는 《클레어의 카메라》 자체는 보는 내내 그 불가사의한 투명함으로 우리를 홀린다. 부조리와 비논리로 인해 영화의 허구적인 '여기-있음'이 끊임없이 사진의 '여기-있었음'으로 탈바꿈하고 있음에도 불구하고 모든 것이 너무나도 숨김없이 보이는 것이다. 정말이지 우리는 감탄과 탄식을 동시에 내뱉으면서 사진적 명료함이 마침내 영화에 이식되었음을 받아들이지 않을 수 없다. 영원히 지속되는 '예전'의 시간 속에서 늘 그처럼 짐을 싸고 정리하고 있을 것만 같은 김민희의 옆모습을 사진적 정지화면으로 포착해 보여주며 영화가 마무리될 때, 우리는 중국 식당에서 클레어가 했던 말 가운데 하나를 되새겨보게 된다. 폴라로이드 카메라로 완수의 사진을 찍고 그에게 건네주고 나

[사진 18-20]

서 클레어는 이렇게 말한다. "당신은 이제 실제로 달라졌어요 (you have actually changed now)!"

4

식물성의 유혹

1962년에 발표된 크리스 마커의 단편《환송대》는 단 한 개의 이미지를 제외하고는 전체가 사진으로 이루어진 영화다. 사진과 영화의 관계라는 주제로 글을 쓰는 이라면 누구라도 절대 피해 나갈 수 없는 이 작품을 마커는 '사진-소설(photo-roman)'이라 불렀다. 이 작품을 제외하면 역사적으로 이런 위치에 있는 것은 머이브리지의 사진 작업뿐이다. 이 영화에서 발췌한 사진과 내레이션 텍스트로 이루어진 '영화-소설(ciné-roman)'『환송대』(이윤영 옮김, 문학과지성사, 2018)도 있다. 이는 분명 영화에서 파생되어 나온 작품이기는 하지만 목소리, 음향효과 그리고 디졸브 같은 광학적 기법 등이 없이 사진과 텍스트로 구성한 독립적 작품이라 해도 손색이 없을 정도다. 마커의 '사진-소설'과 '영화-소설' 사이에서 오가다 보면 문득 이런 의문이 떠오른다. 마커가 굳이 이 단편을 거의 전적으로 사진적 이미지에만 의존해 만들려 한 이유는 무엇일까? 그리고 그러한 선택이 낳은 영화적 효과는 무엇일까?

2018년 12월 22일, 영화평론가 앙드레 바쟁 탄생 100주년을 기념해 부산 영화의전당에서 열린 포럼에서 일본 영화학자 호리 준지는 바쟁의 사유를《환송대》까지 상상적으로 이어보는 흥미로운 강연을 했다. 그는 바쟁의 유명한 에세이「사진적 이미지의 존재론」(1945/1958)의 미발표 초고—2015년에 영화잡지《트라픽Trafic》을 통해 공개되었다—를 면밀히 살펴보면서 사진과 영화의 관계에 대한 바쟁의 사유를 재

검토했다. 그의 강연에서 무척 흥미롭게 다가왔던 부분을 요약하자면 다음과 같다. 매우 특이하게도, 종종 사진과 영화를 결정적으로 구분하는 요소로 간주되는 '정지'와 '운동'에 대한 고려가 바쟁에게는 거의 없다. 대신 「사진적 이미지의 존재론」 초고에는 사진과 영화의 관계는 "순간과 지속의 관계와 동일한 것이다"라는 표현이 등장하는데, 한편으론 같은 초고에 사진이란 "외관과 지속의 종합"이라는 주장도 있어 지속을 사진과 대비되는 영화의 속성으로 간주하고 있는 것인지 아니면 사진 자체가 이미 지속을 함유하고 있다고 보고 있는지가 불분명하다. 호리 준지는 바쟁의 초고에서 사진과 영화의 관계를 둘러싸고 있는 모호함이 끝까지 규명되지 못한 채로 「사진적 이미지의 존재론」 완성본에서 회피되어 버렸다고 지적한다. 그리고 1958년에 40세를 일기로 세상을 떠난 바쟁이 조금 더 삶을 누려 《환송대》 같은 작품을 볼 수 있었더라면 초고에서 중단된 고찰을 심화할 수 있었을지도 모른다는 아쉬움으로 강연을 마무리했다.

사실 마커의 작업에 대해 흥미로운 논평을 한 바쟁의 글이 몇 편 있기는 하다. 그 가운데 특히 유명한 것은 바쟁이 세상을 뜨기 2주 전에 《프랑스-옵세르바퇴르》에 게재되었던 글로, 여기서 그는 마커의 두 번째 장편 다큐멘터리 《시베리아에서 온 편지》에 대해 논한다. 바쟁에 따르면 마커의 영화에서 주된 질료는 이미지가 아니라 지성이며 이러한 지성은 말을 통해 직접적으로 표현된다. 이미지에 대한 말의 우위는 순차적으로 이어지는 숏과 숏의 관계에 의존하는 전통적 몽타주와는 다른 "수평적" 몽타주 양식을 낳는데, 여기서 "이미지는 그것에 앞서거나 뒤따르는 이미지를 참조하는 것이 아니라 말해지는 것을 측면적으로(latéralement) 참조한다"는 점에서 그러하다. 요즘에도 에세이적 영화에 대한 논의에서 종종 언급되는 글이기는 하지만,《시베리아에서 온 편지》는《환송대》처럼 사진과 영화의 긴장을 토대로 움직이는 작품은 아니어서 바쟁의 고찰도 영화에서 말과 이미지의 관계에 대한 논의에 국한되어 있다.

바쟁이 사진과 영화의 관계를 정지와 운동의 관계로 파악하길 꺼린 이유는 과연 무엇 때문이었을까? 베르그송적인 지속(durée) 개념을 사진과 연계시킬 것인지 말 것인지를 두고 망설인 것은 어떤 이유에서였을까? 내 생각은 이렇다. 바쟁은 사진이란 일견 어떤 순간을 포착한 정지된 이미지처럼 보이지만 한편으론 시제(時制)가 매우 교묘하게 각인된 이미지이기도 하다는 점을 놓치고 싶지 않았던 것 같다. 카메라 앞에 있던 피사체에 반사된 빛이 각인된 지표적 이미지로서의 사진은, 한편으론 정지된 순간을 포착한 이미지라는 점에서 그림과 다르지 않다. 하지만 사진은 그림의 무시간적 영원성 대신 그것이 찍힌 '그때'라고 하는 과거성에 좀 더 집착하는 경향이 있다. 게다가 종종 사진은 미래를 내부에 감싸고 있는 과거형으로 우리 앞에 주어지곤 한다. 이 미래가 사라짐, 소멸, 종결, 죽음, 혹은 파국과 관련되어 있을 때, 불현듯 사진은 우리를 걷잡을 수 없는 당혹감에 사로잡히게 만든다. 롤랑 바르트는『밝은 방』의 한 부분에서 사진의 이 기묘한 시간성을 극적으로 증언하고 있는데, 바로 사형 집행을 기다리는 루이스 페인이라는 인물을 찍은 알렉산더 가드너의 사진을 언급하는 부분이다. 호리 준지 또한 강연에서 사진적 이미지가 이미 지속을 담고 있다고 보는 바쟁 초고의 착상과 관련해 바르트 텍스트의 이 부분을 언급했다.

> 이 사진의 푼크툼은 다음과 같다. 그는 죽을 것이다. 나는 이 사진에서 그렇게 될 것이다(cela sera)와 그렇게 되었다(cela a été)를 동시에 읽는다. (…) 이러한 등가관계에 대한 발견이야말로 나를 찌르는 것이다. (…) 나는 이미 일어나버린 파국에 전율한다. (…) 그는 죽었고 또 그는 죽을 것이라는 시간적 압축이 언제나 사진에는 있다.

이 부분은『밝은 방』에서 매우 특별한 자리를 점하고 있는데, 여기서 바르트가 주목하는 것은 사진의 세부적 요소와 관련된 시각적 푼크툼이 아닌 다른 푼크툼, 즉 시간적 푼크툼이기 때문이다. (바르트의 푼크툼 개념은 종종 전자의 푼크툼 개념으로만 협소하게 이해되곤 한다.) 바꿔 말하자면, 바르트는 사진이란 그것의 가시적 외관(사진에 담겨 보이는 것)이나 그것의 물리적 기원과 과정(사진이란 현실의 흔적이라는 것)만으로는 파악되지 않는 것이라는 점을 간파한 것이다. 사진에 대한 논의는 그것을 바라보는 이가 인간인 이상 불가피하게 떠올리게 되는 저 기묘한 시간성, 중첩된 시제를 고려하지 않고서는 무의미해질 수밖에 없다. 영화 같은 움직이는 이미지에나 어울릴 법한 지속 개념을 사진과 연계시킬 것인지 말 것인지를 두고 바쟁이 망설인 것도 이 때문은 아니었을까? 어떤 특정한 시점에 멈춰 있는 사진이란 존재하지 않는다. 사진을 볼 때 종종 우리는 이미 완료된 것을 기다린다고 하는 모순적인 감정에 사로잡힌다. '네가 이 글을 읽을 때쯤 나는 이미 떠나고 없을 거야'라는 문장이 담긴 편지를 썼던 이(의 미래)와 그것을 읽고 있는 이(의 과거)를 가로지르는 시간과 그것을 둘러싼 상황 모두가 하나의 시제로 이미지에 응축된 것이 사진이다.

하지만 영화 또한 그렇지 않은가? 물론이다. 다만 영화는 물리적으로는 일련의 사진적 이미지가 연쇄되어 움직임의 환영을 만들어 내는 장치에 불과한데도, 그 움직임이 현실화되는 순간 사진적 이미지의 저 기묘한 시간성을 은밀히 지우면서 모든 시간을 '지금'으로 현재화해 버리는 특징이 있다. 그리하여 사진이 불러일으키는, 이미 완료된 것을 기다린다고 하는 모순적인 감정에 대응하는 영화적 경험은 종종 서스펜스가 되어버린다. 플롯 상의 플래시백, 흑백이나 모노톤 화면 등을 통해 짐짓 과거형이란 것을 끌어들이기도 하지만, 사실 영화란 오직 현재밖에는 알지 못한다고 말해야 옳을 것이다. 이처럼 현재라는 시간성을 특권화하는 경향에 가장 잘 어울리는 것은 무엇보다 행동의 영화, 액션의 영화일 수밖에 없다. 바르트가 사진의 '여기-있었음(l'avoir-été-là)'에 대해 영화의 '여기-있음(l'être-là)'이라는 허구적 의식을 대비시킨 것도 이런 이유 때문이 아니었을까?

나는 호리 준지의 강연을 들으면서 바쟁이 소장하고 있던 사르트르의 『상상계』에 끼어 있던 짧은 메모—2008년에 영화학자 더들리 앤드류를 통해 공개된—의 존재에 대해 알게 되었는데, 원문을 찾아 읽어보니 거기에는 "사진은 기록이었고, 영화는 기록적인 것이다(la photo était un document, le film est un documentaire)"라는 기묘한 문장이 있었다. 사진에 대해서는 과거형의 계사('était')를, 영화에 대해서는 현재형의 계사('est')를 사용하는 것만으로, 사진의 기록성과 과거성에 근거를 두면서도 그것을 현재화해 버리는 영화의 특징을 맵시 있게 표현하고 있는 문장이다. 더들리 앤드류는 사진과 영화를 이처럼 문법적 표현으로 구분하는 바쟁의 놀랄 만한 방식은 훗날 (사르트르의 『상상계』에 헌정된!) 『밝은 방』의 바르트를 통해 뚜렷해지게 될 것이라고 정확하게 지적한다.

하지만 사진의 저 기묘한 시간성을 끌어안은 영화적 픽션도 가능하지 않을까? 나는 《환송대》가 우리에게 던지는 물음은 바로 이것이라고 생각한다. 결코 적다고는 할 수 없는 크리스 마커의 필모그래피에서 우리는 극영화로 간주될 수 있을 법한 작품을 거의 발견할 수 없는데 《환송대》는 (1973년에 칠레에서 일어난 피노체트의 군부 쿠데타에서 영감을 얻어 만든)《대사관》과 더불어 바로 그 드문 예외 가운데 속한다. 두 편 모두 3차 세계대전 이후의 파리(《환송대》)와 군부 쿠데타가 일어나 자유가 억압된 파리(《대사관》)라고 하는 가상의 상황을 소재로 한 영화다. 그리고 전자의 경우에는 이미 언급한 대로 '사진-소설'의 형식을, 후자의 경우에는 슈퍼 8mm 필름으로 찍은 가짜 다큐멘터리의 형식을 취하고 있다. 대체 두 영화는 왜 이런 형식을 취한 것일까? 단순히 마커가 사진작가이기도 하고 다큐멘터리스트이기도 하다는 데서 이유를 찾아선 안 될 것 같다. 어쩌면 마커는 현재라는 순간을 특권화하는 시간성에서 벗어난 영화를, 달리 말하자면 사진적 시제가 기입된 영화를 만들고자 했던 것은 아닐까? 파국은 이미 일어났음에도 그것을 아직 도래하지 않은 것(未來)으로서 감싸고 있는 과거를 자신의 시제로 삼는 영화 말이다. 이렇게 생각해 보면 《대사관》에 차용된 홈무비 스타일의 거친 영상은 다큐멘터리적 현장감을 겨냥한 스타일이 아니라, 영화적 이미지의 현재성을 약화시키면서 기록적인 것에 잠복한 과거성을 끄집어내려는 기술적 전략이라고 보는 관점도 가능해진다.

　《환송대》에서 마커는 영화의 거의 전부를 사진 이미지로 구성했을 뿐 아니라 사진적 시제에 걸맞은 정교한 파국의 내러티브를 고안했다. 어린 시절 목격한 한 남자의 죽음이 다름 아닌 자신의 죽음이었음을 시간 여행을 통해 알게 되는 주인공의 이야기를, 이미 일어나버린 파국을 향해 나아간다고 하는 모순적인 사진적 시간의 내러티브를 말이다. 더불어 이러한 내러티브를 강화하기 위해 익명의 내레이터가 읊조리는 텍스트의 시제가 진동하게끔 하고 있다. '영화-소설' 『환송대』에 수록된 내레이션 텍스트들을 꼼꼼히 살펴보면 이를 분명히 알게 된다. 3차 세계대전 이후의 현재를 묘사한 이미지들은 과거 시제의 텍스트들과 함께 제시된다. 주인공이 시간 여행을 통해 되돌아간 과거를 묘사한 이미지들은 주로 현재 시제의 (드물게는 미래 시제의) 텍스트들과 함께 제시되지만, 그가 죽음을 맞는 최후의 시간 여행에서는 과거 시제의 텍스트들이 수반된다. 그런가 하면 "이것은 그가 여러 다른 순간에 걸쳐 그녀를 거듭 만나게 될 테스트 단계의 시작이었다(c'était le début d'une période d'essais où il la retrouverait à des moments différents)"처럼 지나간 것이 도래할 것을 감싸고 있는 사진적 시제와 정확하게 호응하는 텍스트 또한 사용되고 있다. 이런 식으로, 크리스 마커는 이미지와 텍스트는 물론이고 작품의 서사적 구조 자체에 이르기까지 전면적으로 사진적 시제가 기입된 하나의 영화적 픽션을 창조해 낸 것이다.

그럼에도 하나의 의문이 여전히 남는다.《환송대》에 단 한 번 삽입된 움직이는 이미지, 아침에 침대에서 일어난 여자가 이리저리 뒤척이다 문득 눈을 뜨고 카메라 쪽을 바라보는 모습을 보여주는 이미지의 의미는 무엇일까? 거기에 담긴 감정은 현재라고 하는 순간을 특권화하는 영화의 역량을 재발견하는 일에 대한 환희일까, 아니면 현재적인 것의 관능성에 힘

입어 이미 일어나버린 파국에 눈을 감는 영화적 환상은 일시
적일 수밖에 없음을 예감한 자의 불안일까?

사진에 대한 바르트의 흥미로운 통찰들은 종종 심하게 둔중
해져 원래의 날카로움을 잃은 개념들로 환원되곤 한다. 그의
『밝은 방』에서 오늘날 우리가 가장 주목해야 할 것은 푼크툼
이라든지 '그것이 있었음(ça-a-été)' 같은 개념이 아니라, 그
의 글쓰기가 특권적인 사진적 공간으로 자리매김하고 있는 온
실이라는 공간이 아닐까? 바르트가 끝내 우리에게 보여주기
를 거부하고 있는 사진, 어린 시절의 어머니가 그녀의 오빠와
함께 있는 모습이 담긴 바로 그 사진의 배경이 되고 있는 온실
말이다. 그의 책에서 온실은 그 비가시성으로 인해 비할 데 없
이 강력한 사진적 형상으로 떠오른다. 다시 생각해 보면, 사진
에 대한 바르트의 사색은 인공물로서의 사진의 식물성이라는
주제 주변을 끊임없이 맴돌고 있다.
　　보통 식물성은 동물성과 짝을 이루는 개념이지만 항상
그렇지는 않다. 『동물화하는 포스트모던』에서 아즈마 히로키
는 알렉상드르 코제브의 논의를 빌려, 인간으로 하여금 자기
의식을 가지고 사회관계를 만들 수 있게 하는 간(間)주체적
욕망의 구조―자신이 욕망하는 것을 타자도 욕망하기를 바라
는 동시에 타자가 욕망하는 것을 욕망하는 것―가 사라지고
각자가 자신만의 결핍-만족이라는 욕구의 회로 속에 갇히는
포스트모던 시대를 '동물의 시대'라고 명명한 바 있다. 이런

동물성은 그저 근대적 주체성에 대립하는 것일 뿐 어떤 식으로도 식물성이라는 개념을 불러들이지 않는다. 아즈마의 책이 일본에서 출간되어 화제를 모으기 전, 소설가 이인성은 2000년에 출간한 그의 산문집 『식물성의 저항』에서 "새로운 세기는 식물성의 가능성을 시험하는 세기가 될 것"이라 한 성기완의 말을 참조하며 동시대에 가능한 문학적 저항이란 "동(물)적인 환상에 대해 식물적인 실체로 맞서는 것과 같은 형태"가 되지 않을까 하고 조심스레 타진해 본다. '식물성의 저항'이 구체적으로 어떤 형태를 취하는 것인지 이인성은 명확히 밝히고 있지 않다. 다만 그가 오늘날의 디지털 문화는 "맹목적 공격이나 도피에의 탐닉으로 변질되기 쉬운" 것이라고 쓰고 있는 데서 그가 염두에 두고 있는 동물성이 아즈마의 그것과 부분적으로 교통하는 개념이라는 것만은 짐작할 수 있다.

그렇다면 대체 식물성이란 무엇인가? 이 물음에 답변한 이후에야 우리는 사진의 식물성이라는 원래의 주제로 돌아갈 수 있을 것이다. 식물성은 동물성과 짝을 이루곤 하는 개념이지만 동물성의 부정을 통해 정의되는 것은 아니다. 그런가 하면 식물성과 동물성을 아우르는 것일 생물성 또한 사물성의 부정을 통해 정의될 수 없다. 즉 식물적인 것은 사물적이지 않은 것들 가운데 동물적이지 않은 것이라는 식으로 정의될 수 없다는 말이다. 이미 1930년대에 《영혼 잃은 자들의 섬(Island of Lost Souls)》이나 《킹콩》 같은 영화에서 일찌감치 예시되었듯, 기형의 인간이나 동물로 표현되곤 하는 괴물이 온갖 야성의 식물들로 무성한 장소를 종종 그 서식지로 삼는 것은 이런 이유 때문일지도 모른다. 여하간 동물에 속하는 인간의 편에서 보자면, 식물이란 부정적인 방식으로 정의될 수 없다는 말은 그것이 범주를 교란하는 괴물과 유사한 무엇이라는 뜻도 된다. 그러니 우리는 식물이란 "부동성 속에서 욕망을 낳는 감정들의 무한한 다양성"을 지닌 "표현의 의지(volonté d'expression)"라고 한 프랑시스 퐁주의 시 「동물과 식물」을 참조하면서, 눈에 띄지 않게 대지와 대기 양쪽으로 성장하고 또 확장하며 사물, 동물, 그리고 인간과 상호작용하는 비인격적 의지의 기원으로서의 식물을 상상해 보아야 한다.

　인공물로서의 사진의 식물성이라는 문제를 떠올려 본 것은 구로사와 기요시의 첫 프랑스어 영화 《은판 위의 여인》을 보면서였다. 세계의 법칙 자체를 구현하는 것인지 아니면 그것을 교란하는 것인지 정체가 모호한 《카리스마》의 나무, 효능이 의심스러운 신약 테스트로 인물들을 이끄는 《거대한 환영》의 꽃가루 등 구로사와의 영화에서 식물성이란 주제가 아주 새삼스러운 것은 아니다. 세기말에 제작된 이 두 편의 영화에서 식물성이 다루어지는 방식은 다소 다른데, 전자의 식물성이 일종의 '표현의 의지'라면 후자의 식물성은 그것의 부정이라 할 수 있다. 그런데 《은판 위의 여인》의 구로사와는 사진이란 식물성의 이미지임을 전제하고서 그러한 사진의 특성을 영화로 이식(transplanting)하는 일에 온통 전념하고 있는 것처럼 보인다. 굳이 이식이란 표현을 쓴 것은, 구로사와가 사진

119

을 서사적인 소재로 다루기보다는 영화 자체를 사진화— 달리 말하자면 식물화—하는 일에 더 몰두하고 있음을 강조하기 위해서다. 우리는 이 영화에 등장하는 거대한 다게레오타입 카메라에 지나치게 현혹되어서는 안 된다. 우리는 이 영화에서 느껴지는 식물적 수동성을 결코 무기력함과 혼동해서도 안 된다. 구로사와는 식물적인 것의 표현의 의지를 부정한 데서 초래된《거대한 환영》의 실패를 다시 반복하지는 않는다.

사진의 식물적인 수동성이란 어떤 수동성인가? 구로사와에게 그것은《회로》의 얼룩-존재들이나《밝은 미래》의 해파리 떼, 그리고《절규》의 유령처럼 홀연히 엄습해 오는 수동성이다. 혹은 '산책하는 침략자'의 수동성이라고 해도 좋겠다. 사진에 대해 숙고하던 바르트가 뾰족한 물체나 찌르는 동작을 뜻하는 라틴어 단어 푼크툼을 떠올렸던 것도 사진의 이러한 특성 때문은 아니었을까?

그런데 푼크툼은 반드시 사진의 인공성과 타자성을 함께 고려해야만 의미가 있는 개념이다. 지극히 주관적인 수준에서, 우리는 타인에겐 아무런 의미가 없을지도 모를 이런저런 대상의 어떤 세부에 각자 나름의 이유로 심리적으로 자극되고 찔릴 수 있다. 꼭 사진이 아니더라도 말이다. 그렇다면 돌멩이나 구름을 보고 "이런! 이 돌멩이는 어쩐지…"라거나 "세상에! 저 구름은 영락없이…"라면서 놀라고 감탄을 내뱉을 때, 우리는 돌멩이나 구름의 푼크툼에 대해서도 말할 수 있는 것일까? 하지만 바르트가 이야기하는 푼크툼은 어디까지나 인공물로서의 사진을 통해서만 촉발되는 것이다. 특히 그 사진을 바라보는 '나'는 정작 거기에 없는 사진을 통해서 말이다. 『기호의 제국』에서는 기꺼이 자신의 사진에 대해 논평하기도 했던 바르트가 『밝은 방』에서는 항상 남들의 모습이 담긴 사진 주변에서만 맴도는 것도 그 때문이리라. 바르트라는 '나'가 직접 각인되어 있지는 않지만 그와 사적이고 내밀한 관계에 있던 어머니의 모습이 담긴 온실 사진을 끝내 우리에게 보여주지 않는 것도 그 때문이리라. 그러니 연인과의 기억이 간직된 사물이나 장소를 보고 내뱉는 감탄, 과거의 상처를 떠올리게 하는 풍경을 보고 내뱉는 탄식만큼이나 바르트적 푼크툼과 거리가 먼 것도 없다.

푼크툼은 언제나 주관적으로 경험되는 것이지만 '나 없는 세계'가 담긴 사진을 통해서만 활성화된다. 이런 점에서 보면, 누구나 기술적으로 손쉽게 셀카를 찍을 수 있는 시대란 사진에서 푼크툼의 가능성을 원천적으로 봉쇄하는 시대라고도 할 수 있다. 푼크툼이 '나 없는 세계'가 인공적으로 어떤 표면에 각인된 사진과 결부된 개념이라는 것은, 한편으론 이 개념이 사진의 역사성이라는 문제와 맞닿아 있음을 암시하기도 한다. 『밝은 방』에서 바르트는 역사는 우리가 그것을 바라볼 때만 구성되지만 역사를 바라보기 위해서는 우리가 그것으로부터 제외되어야 한다고 주장한다. 그렇다면 나 자신을 직접 보고 확인하면서 곧바로 찍을 수도 있는 오늘날의 카메라, 뷰파인더와 디스플레이 장치가 결합된 카메라는 사진의 타자성을 폐지하면서 푼크툼의 출현 가능성도 폐지하고 있는 셈이다. 바야흐로 사진은 역사 없는 평면에서 현재의 '나'만 바라보며 부유하는 주체에 걸맞은 것이 되었다. 다시 말해서, 오늘날 사진은 욕구의 회로 속에 놓이고 동물화되었다. 구로사와는 이러한 평면에 집요하게 식물성의 감각을 회복하려 드는 우리 시대의 드문 작가다. 다만, 사진을 직접 다룸으로써가 아니라 영화를 철저하게 사진화하는 작업을 통해서 말이다.

그러니 《은판 위의 여인》에서 구로사와가 사진의 식물적 수동성을 재고하기 위해 어색함을 무릅쓰고 터무니없이 커다란 다게레오타입 카메라를 영화에 끌어들인 것쯤은 참아주기로 하자. 더할 나위 없이 B급 영화다운 이런 설정은 제쳐두고, 세계를 표상하는 인공물로서의 사진과 대면하는 우리를 서서히 파고드는 식물성의 감각에 부합하는 강력한 형상으로서 온실이 등장하고 있다는 점에 주목해 보기로 하자. 분명 이 온실은 《회로》의 주인공 미치의 일터인 화원과 동종적인 공간이다 (사진 21). 그저 저택 이곳저곳을 배회하기만 하던 유령이 엄습해 오는 것은 바로 이 온실, 그것도 한낮의 온실에서다. 구로사와는 그러한 유령의 엄습을, 움직인다고 하기도 어렵고 그저 멈춰 있다고 하기도 힘든 기묘한 운동감으로 표현하고 있다. 구로사와 스스로 적잖이 참조했다고 밝힌 바 있는 잭 클레이튼의 《공포의 대저택》에 등장하는 한밤의 온실 그리고 유령에 사로잡혀 거칠게 동물적 공격성을 표출하던 아이의 모습

[사진 21]
《회로》의 화원(위)과《은판 위의 여인》의 온실(아래)

을 떠올려 보면, 구로사와 영화의 식물성이 얼마나 강력한 것인지 가늠해 볼 수 있을 터다.

만약 구로사와 영화의 유령이 불러들이는 어떤 사진적 이미지가 있다면 그것은 프레임 너머의 이미지, 오직 푼크툼을 통해서만 열리는 영역으로 뿌리내리고 줄기를 뻗는 현상학적 이미지일 것이다. 그러한 영역을 바르트는 영화평론가 파스칼 보니체의 용어를 빌려 '비가시 영역(champ aveugle)'이라고 부른다. 문득, 'champ'이라는 프랑스어에는 '밭'이라는 뜻도 있다는 데 생각이 미친다. 사진은 우리의 시선에 포착되지 않는 식물성의 세계로 우리를 이끈다.《은판 위의 여인》의 원래 제목은 '어두운 방의 비밀'이다. 어두운 방이라는 표현은 거의 즉각적으로 카메라 옵스쿠라나 암실을 떠올리게 하지만, 정작 이 영화가 들려주는 비밀스러운 속삭임은 이런 것이다. 사진이란 실은 어두운 방이 아니라 밝은 방에 어울리는 것이고, 한때 이 방은 볕이 잘 드는 곳에 자리를 틀고 누군가의 방문을 조용히 기다리던 낯선 식물성의 유령들이 깃든 따뜻한 방이었다고. 그런데 인간들은 거기서 왜 두려움을 느끼는가? 아마 식물의 부동성이 불가피하게 죽음을 환기하기 때문일 터다.

사진이나 영화가 죽음을 환기하는 것을 넘어 죽음의 경험을 제공할 수 있을까? 죽음을 앞둔 이의 모습이나 이미 죽은 자의 시체를 보여주는 이미지가 우리에게 불러일으키는 두려움은 어디까지나 죽음에 반응하는 생의 경험에 속하는 것일 뿐 죽음의 경험이라고는 할 수 없다. 바쟁은 1949년 9월에 《에스프리》에 발표한 「스크린에서의 죽음」이라는 글에서 사진이나 영화와 같은 기계적 예술의 한계지점으로서의 죽음에 대해 고찰하면서 조르주 바타유를 연상케 하는 방식으로 다음과 같이 썼다.

죽음은 시간에 속하지 않는다. 그것은 기원의 순간이며 절대 영도다. 다른 비유를 들자면, 일반적으로 지속에서 죽음이란 사랑에서 섹스의 절정과 같다. 시간과의 성관계라 할 궁극의 경험. (…) 궁극의 쾌락으로서의 죽음은 순수하게 주관적이다. 우리는 다른 존재가 경험하는 그러한 지고의 쾌락을 어떻게 숙고해야 할지 알지 못한다. 누구도 다른 이를 대신해서 죽거나 사랑을 나눌 수 없다. 이렇게 말해도 좋다면, 정의상 이러한 경험은 온전히 그 속에서 살되 우리와 독립된 객관적 대상으로 다룰 수는 없다. 동시에 그러한 경험은 어떻게도 형언할 수 없는데 왜냐하면 그것이 의식의 부정을 통해서만 성취되기 때문이다. 말하자면 그러한 경험은 사건이 일어나기 전과 일어난 다음을 제외하고는 프레임에 담을 수 없기에 시간으로부터 빠져나간다.

사정인 이럴진대, 실제로 일어난 어떤 죽음을 담아 보여주는 영화는 "존재론적 포르노그래피"라는 것이 바쟁의 주장이다. 그렇다면 이처럼 실제의 죽음을 보여주는 영화를 공개하는 일은 금지되어야 하는가? 그는 처형의 광경이 담긴 사진의 경우를 예로 들면서, 이런 사진을 공개하는 뉴스 제공자들은 분명 선정적 이미지로 얻게 될 수익에만 관심이 있을 뿐이겠지만, 결과적으로 우리를 각성시킬 수 있는 리얼함을 환기하는 셈이 되기 때문에 뜻하지 않게 그들의 공적 의무를 다하게 된다고 역설한다. 사진과 관련해서 바쟁은 "우리를 각성시킬 수 있는 어떤 것이건 공개되어야 한다"라고 주장하기까지 한다. 그렇다면 영화의 경우에는? 이에 대해 바쟁은 분명한 의견을 내놓고 있지는 않다. 다만 "우리 시대에 갖게 된 장치들 가운데 하나인 영화 덕택에 우리는 누군가의 죽음을 뜻대로 약탈하고 노출할 수 있게 되었다"라고 쓰고 있을 뿐이다.

　가시적인 것은 무엇이든 포착할 수 있다는 점이야말로 카메라의 무시무시한 능력—이처럼 무차별적인 카메라의 능력에 가장 걸맞은 장치는 바로 CCTV다—이며 이야말로 우리를 곤혹스럽게 하는 것이다. 당연한 말이지만, 금지된 것이란 사실 가능한 것이다. 불가능한 것이라면 굳이 금지할 필요도 없을 터이니 말이다. 사진과 영화의 제작과 배포를 둘러싼 이런저런 제도적 금지 규정을 수용하는 공동체의 감성은 종종 그것이 꺼림칙하게 여겨 금지하는 것을 불가능한 것으로 전도시켜 버리곤 한다. 재현해서는 안 되는 것을 재현할 수 없는 것이라고 선언해 버리는 식이다. 이처럼 불가능성으로 전도된 금지를 미학적 윤리 내지는 윤리적 미학으로 선뜻 받아들이는 비평은 정치적으로 올바른 것일 수는 있어도 존재론적으로 타당한 것일 수는 없다. 게다가 그런 태도를 취하는 것 자체는 그다지 어려운 일도 아니다.

곤혹스러움을 마다하지 않는 진실한 비평적 의식이라면, 금지된 이미지란 여하간 가능한 이미지이기도 하다는 사실을 받아들이면서, 가능하기에 언제고 출현할 수밖에 없는 이미지와 실제로 마주칠 적마다 그것이 어떤 배치에 놓이면 외설적으로 되는지를 숙고해야 한다. 단언컨대, 외설적 이미지를 판별케 하는 고유의 속성 같은 것은 없다. 그 자체로 외설적인 이미지는 존재하지 않는다. 하지만 이미지를 외설적으로 보이게 하는 특정한 기술적·사회적 배치는 분명히 존재하며 비평적 의식이 겨냥하고 저항의 전략을 구사해야 하는 곳도 바로 여기다. 특정한 이미지에 대한 공동체의 감성에 무반성적으로 동화되어, 정작 그것들의 배치를 고려하면 그렇지 않은데도 외설적이라 단죄하며 금지의 대리인이자 실행자가 되는 오류를 범해서는 곤란하다.

여기서 이미지의 외설성이라는 주제를 더 파고들지는 않겠다. 다만, 죽음의 경험은 의식의 부정을 통해서만 성취되는 것이기에 형언할 수도 없는 것이라는 바쟁의 말을 염두에 두면서, 이처럼 불가능한 실존적 경험—진정으로 외설적인 경험—에 가능한 가깝게 다가가려 하는 영화적 욕망에 대해 생각해 보고 싶다. 바쟁은 그의 글에서 이 문제를 직접 다루지 않고 우회해 버렸기 때문이다.

영화가 죽음의 경험을 상상하는 방식은 비교적 간단하다. 가시적인 죽음의 표식으로 부동적 신체를 스크린에 보여주면서 죽은 자의 의식을 환상적으로 활용하는 것이다. 죽은 듯이 꼼짝하지 않는 배우의 모습이나 사람과 흡사한 시체 모형 따위를 찍어 보여주면서 실제로 죽은 이에게는 가능할 리 없는 지각이나 감각을 환기하는 시청각적 기호를 삽입하는 식으로 말이다. 예컨대, 칼 드레이어의 《뱀파이어》에는 죽어서 관에 누워 있는 인물이 보는 시점숏이 등장하며, 빌리 와일더의 《선셋 대로》는 죽은 자의 보이스오버 내레이션을 활용하고 있다. 그렇지만 이 영화들을 보면서 자신이 죽음과 흡사한 경험에 다가갔다고 느끼는 이는 거의 없을 것이다. 왜 그럴까? 죽은 이의 의식과 관련된 시청각적 기호는 비현실적인 장치임을 모르지 않기 때문이다. 물론, 그저 죽음을 관객에게 외적으로 보여주는 것만이 아니라 간접적으로나마 관객이 내적으로 경험케 하려는 이상, 그러한 경험을 대리할 등장인물의 의식과 관련된 기호를 전적으로 배제하기란 힘든 일이다. 그렇다면 영화가 죽음과 근사한 경험을 제공하는 데 관건이 되는 것은, 내면의 목소리나 시점숏처럼 등장인물의 의식과 관련된 기호를 활용하되, 이러한 기호와 신체의 연관을 최대한 약화하면서 전적인 부동성에 처한 신체의 경험을 관객 스스로가 끌어들이게 하는 영화적 형식을 찾아내는 일이겠다. 이것은 지극히 베르그송적인 모험이다. 『물질과 기억』을 참조해 말하자면, 다른 모든 이미지에 대해 중심을 점유하는 이미지, 즉 "나의 신체라는 어떤 특권적 이미지" 자체는 어떻게도 영화로는 재현 불가능하기 때문이다.

이때 흥미로운 사례로 떠오르는 작품이 알프레드 히치콕의 걸작 《브레이크다운》이다. 이것은 TV 미스터리 시리즈 《알프레드 히치콕 극장(Alfred Hitchcock Presents)》 가운데 한 편으로 그가 직접 연출을 맡은 26분짜리 단편영화다. 히치콕 스스로는 "얼어붙은 영화(frozen film)"라 부른 이 작품에서, 조지프 코튼은 교통사고로 전신이 마비된 채 자동차 운전석에 방치되어 있다 급기야 시체공시소까지 실려 가게 되는 사업가 역으로 출연하고 있다. 영화 내내 우리는 여전히 살아 있는 그의 독백을 보이스오버로 듣게 된다. 이때 히치콕이 화면에 보여주는 것은 그야말로 죽은 사람처럼 미동도 하지 않고 누워 있는 코튼의 얼굴을 여러 각도에서 찍은 클로즈업이 대부분이다. 여기서 코튼의 연기(?)는 어찌나 정교한지 얼굴 모공이 보일 만큼 카메라가 가까이 다가가 잡은 숏에서도 일말의 움직임도 감지되지 않는다. 목덜미는 운전대에 눌린 채 눈은 초점 없이 허공을 향하고 있고 입은 크게 벌어진 상태에서도 말이다. 주의 깊게 살펴보면 아주 가끔 그의 머리털 몇 가닥이 미풍에 흔들리는 것이 간신히 보이기는 한다.

이 단순하지만 집요한 연기가 가져오는 효과는 제법 크다. 사운드트랙에서는 계속해서 코튼의 목소리가 흘러나오고 화면에는 줄곧 그의 얼굴이 보이고 있음에도 불구하고, 그 둘이 도무지 연상적으로 합치되질 않는 것이다. 코튼의 내레이션이 혹시 《선셋 대로》의 경우처럼 이미 죽음을 맞아 육체에서 이탈한 의식의 목소리가 아닌가 하고 여겨질 때도 있을 정도다. 복화술이 우리에게 주는 생경함이 저 얼어붙은 얼굴을 통해 극대화되고 있는 느낌이랄까? 여기에 히치콕이 더한 하나의 트릭이 효과를 배가한다. 완전히 움직임이 멎은 코튼의 얼굴을 포착한 일련의 클로즈업을 보는 동안, 우리는 그 가운데 어떤 부분들은 어쩐지 조금 다른 느낌을 준다는 인상을 받게 된다. 그 이유는 여기서 히치콕이 코튼의 얼굴을 보여줄 때 이따금 프리즈 프레임 숏, 즉 정지화면 기법을 활용하고 있기 때문이다. 다시 강조하건대, 코튼의 연기는 정지화면으로 처리된 부분과 실제로 거의 분간할 수 없을 만큼 부동적이다. 이로써 《브레이크다운》은 영화적 이미지를 사진적 이미지와 식별 불가능한 경계로까지 밀고 나가면서 (이 작품이 방영되었던 1950년대 무렵의 텔레비전으로 보면 더더욱 알아차리기 힘들었을) 그 둘의 차이가 소멸되는 순간 속에서 죽음의 대응물을 발견하려는 영화가 된다. 삶이 죽음으로 향할 때 벌어지는 일순간의 사건을 영화와 사진의 문턱에서 형성되는 희미한 긴장으로 상상해 본 셈이다.

　물론 영화가 죽음의 경험 자체를 포착할 수는 없다. 바쟁의 말대로 그것은 순전히 주관적인 것이기 때문이다. 그런데 여기서 히치콕은 보이는 주체(등장인물)가 아닌 보는 주체(관객)의 죽음 자체를 목표로 삼고 있는 듯하다. 별다른 3D 기술 없이 종종 스크린 너머를 겨냥하곤 하는 히치콕의 대담함이 엿보이는, 참으로 심술궂은 기획이지 않은가? 다만 정말로 관객을 죽일 수는 없는 노릇이므로 우선 관객의 시각을 대상으로 그것을 기능 부전 상태에 빠뜨리는 정교한 영화적 전략을 구사한다. 소름이 끼치는 시각적 묘사는 전혀 등장하지 않는데도 《브레이크다운》이 극도로 섬뜩한 느낌을 주는 작품이 된 것은 바로 이 때문이다. 어느 순간 우리는 스스로가 코튼과 같은 처지에 놓여 있음을 알게 된다. 차이가 있다면 코튼은 어떻게든 죽음의 경험을 피하려 드는 반면 영화를 보는 우리는 그 경험을 어떻게든 자신의 것으로 삼으려 든다는 것뿐이다. 죽음의 경험은 이 영화가 실제로 제공하는 것이 아니라 이 영화의 특정한 형식에 이끌린 우리가 느끼려 드는 것이 된다. 벌거벗은 여자의 몸에 살인자의 칼날이 거듭 박히는 광경은 실제로 보여주지 않으면서도 치밀한 몽타주를 통해 관객이 그 광경을 상상하게 했던 《사이코》와 마찬가지로, 《브레이크다운》 역시 정작 영화는 재현하지 않은 것을 우리 스스로가 욕망을 투사해 완성케 하는 심리적 거울이다. 궁극의 쾌락으로서의 죽음이 순수하게 주관적인 것이라면, 히치콕은 그 주체의 자리를 비워 둔 가상현실(VR)과도 같은 영화적 형식을 고안한 셈이다. 여기서 당신은 죽음의 경험이란 것을 상상하는 꼭 그만큼 죽음에 다가가게 된다.

《브레이크다운》의 코튼처럼 아무런 미동도 없는 상태의 얼굴을 유지한다는 건 기예에 가까운 일일 터다. 그렇다면 카메라를 바라보며 상당한 시간 동안 침묵을 지키는 일은 어떨까? 프랑스의 사진작가이자 영화감독인 레이몽 드파르동의 사진에세이 『방랑』(정진국 옮김, 포토넷, 2015)의 한 문단을 함께 읽어보자.

어느 날, 넬슨 만델라를 만났을 때 나는 잠깐만 침묵을 지켜달라고 부탁했다. 그는 나를 알지도 못했고, 내가 뭘 하려는지도 몰랐는데 내가 대뜸 "딱 1분간만 아무 말 없이 침묵해 보세요"라고 요구했는데도 그는 그러마 했다. 그의 침묵은 완벽했다. 나는 초침이 붙은 정밀시계를 갖고 있지 않았고, 그에게도 없었다. 장소는 그의 사무실. 그런데 마치 그는 머릿속에 시계라도 들어 있듯 정확히 1분간 침묵했다. 그가 27년 동안 수감생활을 하면서 얻은 것이 있었던 것 같다. 그는 시간과 그 가치를 알았다. 그에게 1분간 조용히 감옥에 있을 때처럼 잠자코 꼼짝 말라고 했다니 정말 대담한 요구였다. 그의 과거의 1분, 고통스런 1분, 그 무서운 경험을 회상하는 1분이었다.

드파르동이 만델라가 침묵을 지키는 모습을 기록한 촬영본은 한국에서도 개봉된 그의 다큐멘터리 《프랑스 다이어리》에서 확인할 수 있다. 이것은 드파르동과 그의 부인이자 사운드

엔지니어인 클로딘 누가레가 공동으로 연출한 작품이다. 드파르동이 자신의 차를 몰고 프랑스 이곳저곳을 여행하며 사진을 찍는 모습이 담긴 부분과 누가레가 그의 미공개 영화 촬영본들을 살펴보고 그의 이력을 되짚어가며 우리에게 이야기를 들려주는 부분이 교차하는 영화다. 소련의 체코 침공에 항의하며 분신자살한 청년에게 애도를 표하기 위해 모인 사람들의 모습을 담은《얀 팔라치》를 1969년에 발표한 이후, 드파르동은 2017년 칸영화제에서 공개된《12일》에 이르기까지 21편의 장편(이 가운데 극영화는 3편)과 27편의 단편을 만들었다. 하지만《프랑스 다이어리》를 제외하면 그동안 국내에 정식 개봉된 것은 칸영화제 60주년을 기념해 제작된 옴니버스 영화《그들 각자의 영화관》에 수록된 단편 하나가 고작이다. 자신이 12세 때부터 촬영한 것들을 하나씩 살펴보며 드파르동 스스로 경력을 반추하는 에세이 영화《사진 찍던 시절(Les années déclic)》과 더불어,《프랑스 다이어리》는 저명한 사진작가로서만이 아닌 영화작가로서의 드파르동의 세계를 일별하기에 안성맞춤인 작품이다.

영화란 사진의 연장선상에서 파악될 수 있는 매체라고, 혹은 사진에 움직임을 부여한 것이 영화라고 간주하면 사진과 영화를 오가며 작업하는 것은 그리 어렵지 않은 일처럼 보일 수도 있다. 하지만 드파르동이 촬영한 사진과 연출한 영화들을 함께 떠올려 보면 그는 사진과 영화 사이의 교통이 그리 만만치 않은 일임을 명확히 인식하고 있는 작가라는 생각이

든다. 물론 이런 깨달음은 나중에야 온 것일 터다. 그의 사진을 보고 '드파르동은 이런 프레임 구성을 선호하는 작가로군!'이라고 지레짐작하고 그의 영화를 보면 필경 의아해할 수밖에 없고 그 역도 마찬가지다. 예컨대, 그는 사진으로 인물을 포착할 때 그들의 뒷모습을 담아내거나 상당한 거리를 두고 전신이 드러나게끔 찍는 경향이 있는데, 영화에서는 인물에 가까이 다가가 얼굴을 대면하는 데 거리낌이 없다. 그가 보도사진 작업에서 거리를 둔 이후에 내놓은 사진들에는 종종 무인(無人)의 장소와 거기 놓인 사물들이 보일 뿐이지만 영화의 경우엔《지방법원 제10호실》처럼 얼굴과 말의 다큐멘터리라 부를 만한 작업도 있을 정도다. 프랑스 시골 마을의 상황과 변화를 담은 두 프로젝트, 즉 사진집『가레의 농장』과 다큐멘터리《농부의 초상》3부작(2001~2008)을 나란히 두고 보면 드파르동은 사진의 역량과 영화의 역량이 호환될 수 없는 것이라고 믿는 작가임을 분명히 알 수 있다.『가레의 농장』에서는 농촌의 이런저런 장소들, 농기구들, 농민들의 뒷모습 등을 주로 기록했다면,《농부의 초상》연작에서는 카메라 앞에서 농부들이 들려주는 이야기에 좀 더 집중하고 있다.

사실 드파르동 스스로가 "사람들에게 좀 더 바짝 다가가고 싶다면, 영화촬영기로 찍는 것이 좋다. 음성이 녹음되기 때문이다. 하지만 사진기를 들고 있을 때는 늘 하던 대로 거리를 두는 것이 좋다"(『방랑』)라고 밝히고 있다. 그의 이런 견해는 무척이나 흥미롭다. 그는 영화적 이미지의 역량을 움직임보다는 소리를 수반한다는 데서 찾고 있기 때문이다. 왜 그는 "사람들에게 좀 더 바짝 다가가고 싶다면, 녹음기로 그들의 목소리를 기록하면서 사진을 찍는 것이 좋다"라고는 말하지 않았을까? 분명히 그는 소리와 더불어 이미지의 지속을 포착하는 영화의 역량에, 정확히 말하자면 유성영화의 역량에 주목하고 있다. 그리고 그 둘의 동시적 포착이 보장된 다음에라야 사람들에게 좀 더 바짝 다가갈 수 있다고 생각한다. 소리의 지속(녹음기)만으로, 혹은 이미지의 지속(무성영화)만으로 사람에게 가까이 다가가는 건 뭔가 꺼림칙한 일이라고 느끼는 것처럼 말이다.

꽤 일찍부터 인류는 보이는 것을 그림을 통해 묘사하는 방법을 알고 있었다. 그 묘사의 과정을 기술적으로 자동화한 것이 사진이다. 필름 사진의 수많은 은염 입자들 각각은 일정한 노출시간 동안 나란히 함께 빛에 반응한 흔적을, 디지털 사진의 수많은 픽셀 각각은 서로 다른 시각에 도달한 빛에 제각기 반응한 흔적을 담고 있지만, 어느 쪽이든 그 시간차는 우리가 지각할 수 없을 만큼 미세하므로 사진은 보이는 것을 '순간화'한다고 해도 크게 무리가 없을 터다. (사진을 통해 순간화된 광경이 실은 물리적으로 서로 다른 시각에 속한 순간들의 공간적 중첩임을 잘 보여주는 것은 노출시간이 긴 사진을 찍을 때 피사체가 움직여 생기는 흔적이다.) 순간화는 정지와는 다르다. 정지는 말 그대로 멈춤, 나아가 죽음일 뿐이지만 순간화는 어떤 식으로든 삶을 끌어안으면서 그것을 하나의 장에 한꺼번에 펼쳐 놓아야 한다. 우리가 사진의 생생함에 대해 말할 수 있는 것은 바로 이 때문이다. 들리는 것을 하나의 순간에 담아낸다는 것이 무슨 뜻인지 생각해 보라. 말이나 소리는 지속 없이 살아남지 못한다. 여기서 다시 우리는 바쟁의 고민으로 돌아간다. 우리는 사진 자체가 이미 지속을 함유하고 있다고 말할 수 있을까?

드파르동의 태도는 무엇보다 그가 침묵에 매혹된 작가라는 데서 기인한다. 여기서 침묵을 말소리가 없는 상태로만 협소하게 이해할 필요는 없다. 침묵은 서로 중첩된 사건들이 이루는 평형상태—원리상 침묵은 심지어 소란을 통해 형성될 수도 있다—에 가까운 것이다. 사건을 순간화하는 역량을 지닌 사진을 통해 드파르동은 우리가 공간화된 침묵과 대면하게 만든다. 문제는 그가 침묵에 대한 관심을 영화로까지 밀고 나가는 순간 발생한다. 사람들에게 가까이 다가가기 위해서는 음성이 녹음되기 때문에 영화촬영기를 사용하는 편이 좋다고 말하는 이가 침묵에 관심을 두고 있다는 말은 어불성설이 아니냐고 따져 묻는 이도 있을 수 있다. 하지만 영화촬영기를 든 그가 관심을 두고 있는 것이 발화행위를 통해서만 드러날 수 있는 시간화된 침묵이라고 생각해 보면 어떨까?

무언가 말하고 있는 이를 사진기로 포착하면 우리는 그 사진에서 침묵이 아니라 순간화된 발화를, 바꿔 말하자면 특정한 순간 화자의 표정과 몸짓으로 번역된 말의 피부를 보게 된다. 심지어 전혀 말을 하지 않는 상태라고 해도 사람의 얼굴을 가까이서 정면으로 마주한 사진은 채 발화되지 못한 말을 대리해 무언가를 표현해 버리곤 한다. 침묵의 작가랄 수 있는 드파르동은 사진에서는 무인 풍경, 등을 보이며 돌아선 인물, 얼굴은 보이지만 입은 다물고 있는 인물을 거리를 두고 바라보는 데 집중한다면, 영화에서는 말하는 인물에 좀 더 가까이 다가가 지속 가운데서 침묵이 시간화되는 광경을 보고 싶어 한다.

사진과 영화의 차이에 유의하며 침묵을 포착하려는 시도는 드파르동이 영화에 관심을 기울인 초기부터 분명히 드러났다. 그의 첫 영화《얀 팔라치》에는 청년의 죽음에 애도를 표하기 위해 거리에 모인 사람들과 차량들이 멈춰 서서 1분 동안 침묵의 애도를 표하는 부분이 있다. 살해당한 존 레넌을 추모하기 위해 센트럴파크에 모인 사람들을 기록한《존 레넌을 위한 10분의 침묵》역시 유사한 맥락에서 제작된 작품이다. 하지만 발화행위를 통해서만 드러나는 시간화된 침묵의 강렬함을 온전히 느낄 수 있는 것은 3부작의 마지막 편에 해당하는《농부의 초상: 모던 라이프》에서다. 폴 아르고라는 고집 센 농부가 등장하는 장면에서, 드파르동은 그와 주고받는 어색하고 열없는 대화와 TV에서 방송 중인 장례식 소리 등이 뒤섞인 지속의 시간 속에서 영화적 침묵의 형상을 길어 올리는 데 성공하고 있다.

그렇다면 드파르동이 만델라로 하여금 영화촬영기 앞에서 1분간 침묵하도록 요구한 것, 그것은 말없이 무표정하게 있을 때조차 그가 통과해 온 역사적 시간을 강력하게 증언하는 한 인물에게서 지속의 힘을 빌려서만 도달할 수 있는 완벽한 침묵을 얻어내려는 무모한 시도가 아니었을까. 여기서 만델라는 잠시나마 역사 바깥에, 드파르동 자신의 표현을 빌리자면 "미미한 시간(temps faibles)" 속에 머문다.

5

사진 없는 유토피아

문득 고개를 돌려보니 여기였어. 이런 식으로, 어느덧 우리는 저마다의 방식으로 자신을 기술하고 표현하는 일에 익숙해져 버렸다. 여기서 나는 시쳇말로 '관종'이라 불리는 부류가 우리 시대의 보편적 인간형이 되어가고 있다느니 하는 이야기를 하고 싶지는 않다. 당장은 이와 관련해서라면 '오늘날의 테크노 자본주의는 각각의 개인을 관종으로 호명한다'는 명제 정도로 정리하고 넘어가겠다. 그보다 이런 물음을 던져보자. '나'의 기술과 표현은 인간이 선천적으로 타고난 자질이 아니라 매체를 통해 인간에게 부여되는 역량이라면, 각각의 매체는 대체 언제부터 그런 일에 적합한 것으로 변용되기 시작한 것일까? 각양각색의 '나'들을 기술하고 표현하는 일에 온갖 종류의 매체가 동원되고 있는 지금, 이럴 때일수록 우리는 잠시나마 과거를 돌이켜볼 필요가 있다.

"분노를 노래하소서, 여신이여"라는 유명한 어구로 『일리아스』를 시작했던 호메로스에게는 말이 기술하고 표현하는 대상은 물론이고 심지어 말의 주체마저도 호메로스라는 '나'와 무관한 것이었다. 여기서 그는 여신이 직접 부르는 노래를 그대로 전하는 매개자의 자리에 있을 따름이다. 하지만 호메로스의 시대 이후 문자라는 수단은 그것을 다루는 이를 고백이나 일기와 같은 '나'의 기술로 이끄는 역사적 과정을 개시하게 된다. 그렇다면 말이나 문자보다 오랜 기원을 지닌 그림의 경우는 어떠한가? 일단 '나'를 그리기 위해서는 타인의 묘사를 통하지 않고 바로 그 '나'를 직접 볼 수 있는 수단이 필요한

데, 잔잔한 물의 표면이나 광택이 나는 돌이나 금속이 아닌 유리 거울을 인류가 사용하기 시작한 것은 알려진 바에 따르면 중세 말기에 이르러서다. 서구에서 본격적인 자화상이 그려지기 시작한 것은 르네상스 시기부터이며, 현존하는 최고(最古)의 자서전으로 알려진 『마저리 켐프 서(書)』가 구술된 것도 이 무렵이다. 그런데 1749년에 익명으로 처음 발간되었던 『맹인에 관한 서한』(이은주 옮김, 지식을만드는지식, 2016)을 보면, 여기서 디드로는 우리가 가장 드물게 떠올리는 얼굴은 자기 자신의 얼굴이라고 쓰고 있다. "우리가 우리 얼굴을 기억하지 않는 것은 자신을 타인으로, 타인을 자신으로 착각할 일이 결코 없기 때문"이라는 것이다.

역사적으로 볼 때 사진이 발명된 19세기는 언어나 그림을 통해 '나'를 기술하고 표현하는 방식이 이미 고도로 정교화되었던 무렵이다. 심지어 이 시기는 지금의 우리를 여전히 상당 부분 둘러싸고 있는 근대성이 정립된 시기로 간주된다. 그런데 사진 역사의 초창기에 제작된 작품들을 검토해 보면 통상적인 의미에서의 자화상 장르에 속한다고 인정할 수 있는 것은 사실상 전혀 없음을 알게 된다. 잘 알려져 있다시피, 다게레오타이프 방식이 일반화되었던 당시에 이미 초상사진은 널리 인기를 누리고 있었는데도 말이다. 당연히 다음과 같은 반문이 있을 것이다. 당시에 사용된 사진 장치의 특성과 사진 제작 과정을 고려하면, 사진가가 다른 이의 손을 빌리지 않고 오늘날의 셀카 마냥 직접 스스로의 모습을 촬영한다는 것은 매우 번거로운 일이었다는 사실을 정말 모른단 말인가? 이런 반문은 정당한 것이며 굳이 이에 반박하고픈 생각도 없다.

하지만 이렇게 생각해 보면 어떨까? 언어라는 서술적 매체와 그림이라는 묘사적 매체가 모두 '나'의 기술과 표현에 적합한 것으로 변용되는 과정이 완료되었을 무렵, 그러한 과정을 일시적으로나마 저지하면서 개성이라는 환상에 문제 제기하기 위해 사진이 도래한 것이라고 말이다. 물론 역사가 실제로 이처럼 의지를 발휘했을 리 만무하다. 그렇기는 하지만, 리베카 솔닛이 쓴 인물 전기의 걸작 『그림자의 강: 이미지의 시대를 연 사진가 머이브리지』(창비, 2020. 이하 큰따옴표 안의 머이브리지에 대한 기술은 이 책에서 인용한 것임)를 읽다 보면 문득 그런 생각이 들기도 한다. 왜 그럴까? 생각건대 사진에 접근하는 머이브리지의 독특한 태도 때문인 듯싶다. 솔닛이 예리하게 지적하고 있듯이, 사진이 탄생한 19세기는 지질학적 시간에 대한 감각이 싹트기 시작한 시기였다. 1830년에 출간된 『지질학 원리』에서 찰스 라이엘은 지구의 나이가 6,000년 정도라는 성서학자들의 주장에 맞서 족히 수백만 년은 된다는 결론을 내렸다. 다윈의 진화론과 마찬가지로 머이브리지의 사진들 또한 바로 이러한 시간적 감각에 상응하는 고안물이었다. 그는 "인간을 촬영할 때도 다른 동물들 사이에서 '동작 중인 동물'로 바라보았다." 덧붙이자면, 그는 자신을 촬영할 때도 마찬가지 태도를 고수했다.

두말할 나위 없이, 지질학적 가설이나 진화론적 입장은 오늘날 우리에겐 상식에 속한다. 그러나 상식으로 받아들인다는 것이 곧 그러한 담론과 결부된 세계를 오롯이 감각한다는 뜻은 아니다. 사정은 오히려 반대일 수도 있다. 지금은 각종 천문 관측 기기들이 존재하고 이런저런 왕복선과 탐사선 들도 곧잘 우주로 나가는 시대다. 그런데 정작 우주는 타노스의 인피니티 건틀렛만큼도 감흥도 불러일으키지 못하는 개념적 대상이, 각양각색의 모니터와 디스플레이 화면에서 깜빡이는 그림이 되어버렸다. 마찬가지로, 지질학적 지식이 상식이 된 것과는 대조적으로 지질학적 감각은 우리에게 낯선 것이 되어버렸다. 휴먼 스케일을 넘어선 시공간에 대한 앎과 상상은 더는 우리에게 아무런 경이도 불러일으키지 못한다. 코페르니쿠스와 다윈과 프로이트를 거치면서 인간은 차츰 온갖 중심의 자리로부터 물러나게 되었다는 앎은 별다른 경악의 감정 없이 수월하게 받아들일 수 있는 인문학적 기본 교양에 지나지 않는다. 오늘날의 인문학적 담론은 중심에서 물러난 인간의 자리에 자연이나 사물을, 그리고 비인간과 포스트휴먼을 연신 불러들이고 있지만, 사회문화적 영역에서 정작 그 빈자리에 대신 들어선 것은 수많은 '나'들이다. 우리는 디드로라면 결코 짐작조차 할 수 없었을 미래의 풍경 속에 살고 있다.

솔닛이 쓴 전기를 읽으면서 머이브리지가 남긴 수많은 사진들을 보고 있노라면 문득 궁금해지는 것이 있다. 당대에 이미 유명 인사였던 인물치고는 개인적인 기록이나 사진이 거

[사진 22]

의 없다는 점이다. 편지, 광고, 기사 및 서류에 기록된 사항들은 적지 않게 남아 있지만 머이브리지라는 '나'의 내면을 드러내는 자료는 거의 없는 듯하다. 무엇보다 그의 초상사진은 광고용으로 찍은 것이나 말년에 다른 사진가들이 찍은 몇 점이 전부다. 1872년에 캘리포니아 요세미티 계곡에서 작업하고 있던 당시 거대한 세쿼이아 나무 둥치에 앉아 있는 그의 모습이 담긴 사진(사진 22)은 조수가 찍은 것으로 추정된다. 그런데 여기서 머이브리지는 자신을 드러내기 위해 카메라 앞에 '선' 것이 아니라 세쿼이아 나무의 크기를 가늠케 할 비교 도구로서 카메라 앞에 '놓인' 듯하다. 1975년에 톰 앤더슨은 거의 전적으로 머이브리지가 찍은 사진들의 몽타주로만 구성한 영화인 《이드위어드 머이브리지, 주프락소그래퍼》(사진 23)를 발표했는데, 이런 것이야말로 머이브리지라는 인물에 꼭 어울리는 진정한 '반(反)전기'일 수 있다는 생각도 든다.

하지만 머이브리지는 자신을 내세우는 데 소극적인 사람은 아니었다. 그는 "언제나 자신은 예술가라고 주장하며 작품에 자신의 이름을 남겼"으며 "늘 한쪽 눈을 시장과 자신의 명성에 두던 사람이었고, 나중에는 자신의 작품을 그 어느 때보다 화려한 미사여구로 홍보했다." 솔닛의 지적은 사실이겠지만 이를 오해해서는 안 된다. 머이브리지는 분명 지극히 근대적인 인간이고 여기엔 작가성(authorship)에 대한 인식이 확고하다는 사실도 포함된다. 하지만 사진과 같은 매체에서 작가성의 표명은 개성의 표명과는 전연 다른 것이다. 작가성이

[사진 23]

어떤 대상에 대한 권리를 주장하는 것과 관련되어 있다면 개성은 그 대상을 자신의 방식이나 스타일대로 활용하는 것과 관련이 있다.

머이브리지는 때론 소송도 불사하며 작가성을 지키려 들면서도 개인적 흔적이나 스타일은 점점 비가시적이 되도록 하는 방향으로 나아갔다. 이 과정의 정점에 있는 것이 그에게 불멸의 명성을 가져다준 동물과 인간의 동작 연구 작업이었다. 잘 알려져 있다시피, 그는 동물과 인간의 움직임을 여러 대의 카메라로 연속적으로 포착하는 기술을 고안해 냈고 이렇게 얻은 사진들을 다시 주프락시스코프라는 장치를 통해 영사해 '동영상'으로 보여줌으로써 영화의 탄생으로 나아가는 길을 열었다. 거의 추상화되다시피 한 배경 앞에서 움직이는 피사체들을 포착한 그의 동작 연구 사진들은 사진가의 개성보다는 종의 특성이 잘 드러나게 할 목적으로 고안된 것이었다. "머이브리지는 장소 없는 동작을 위해 동작 없는 장소[요세미티의 풍경]를 포기했고, 산악지역은 눈금을 적은 격자를 그린 흰색 벽으로 대체되었다."

머이브리지가 사진사(史)와 영화사(史)를 통틀어 가장 기이한 자화상(사진 24)이라 할 만한 것을 남긴 것도 바로 이 동작 연구 작업에서다. 동작 연구의 모델들은 자연사적 관점에서 인간과 동물의 병립을 반영하듯 종종 나체로 카메라 앞에 섰고 머이브리지 자신도 예외는 아니었다. 그는 무람없이 성기를 드러내고 온갖 동작을 취해 보인다. 하지만 머이브리

[사진 24]

지가 직접 자신의 나체를 내보이는 행위엔 당대의 사회적 금기에 대한 어떤 예술가적 표명도 없다. 자신을 이름 없는 '전직 운동선수'로 칭하고 있는 그는 일군의 사진들 속에서 그저 다른 모델 및 동물들과 더불어 여러 동작을 예시하는 사례 가운데 하나일 뿐이다. 문득, 범죄자 초상사진의 규범화를 꾀했던 베르티옹이 자신 또한 측정의 도구가 되어 카메라 앞에 서기도 했었다는 사실이 떠오른다(사진 25). 이처럼 하나의 특성 없는 샘플이 되어서야 비로소 자화상 속에 자신을 밀어 넣을 수 있다고 보는 무시무시하게 철두철미한 근대적 사고, 이는 분명 19세기를 휩쓸었고 머이브리지 자신도 요세미티의 풍경 속에서 체득했던 지질학적 감각의 소산일 것이다. 탈근대란 어쩌면 점점 이런 감각으로부터 멀어지고 그것을 상실해가는 과정을 일컫는 것인지도 모르겠다. 혹은 브뤼노 라투르의 표현을 빌리자면 우리 대부분은 근대인이었던 적조차 없었던 것일지도.

근대적이고 과학적인 기획이 전근대적인 마법적 유토피아와 만나는 실례라면 아무래도 20세기 초 러시아에서 발흥한 코스미즘을 떠올릴 수밖에 없다. 죽음을 진화상의 오류로 간주하고 나이 든 사람에게 젊은 사람의 피를 수혈해 수명의 연장과 영생을 꾀하는가 하면, 심지어 이미 죽어 고인이 된 자들을 과학의 힘을 빌려 살과 피를 지닌 존재로 부활시킬 방법을 모색했다는 등의 이야기는 어쩐지 SF 공포물이나 사이비 종교

[사진 25]

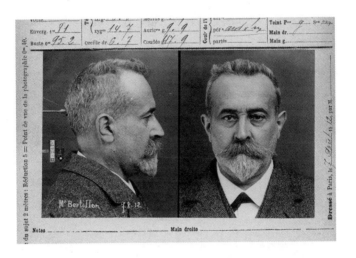

151

를 파헤치는 다큐멘터리의 소재가 아닌가 싶을 만큼 터무니없고 황당무계하게 들린다. 보리스 그로이스가 편집한『러시아 코스미즘(Russian Cosmism)』(2018)에는 니콜라이 표도로프, 알렉산더 치체프스키, 콘스탄틴 치올코프스키 등 이 사상을 대표하는 인물들이 쓴 글들이 수록되어 있다. 하지만 코스미즘의 동시대적 수용 양상을 살피기 위해서는 오늘날의 작가, 기획자, 논객들이 (때로는 '부활'한 것으로 가정된 고인들과) 주고받은 대화를 정리한 책『죽음 없는 예술: 러시아 코스미즘에 관한 대화(Art without Death: Conversations on Russian Cosmism)』(2017)가 유용하다. 특히 그로이스의 다음과 같은 말은 눈길을 끈다. 여기서 그로이스는 영생과 부활이라는 코스미즘의 주요 동기 내지는 강박을 오늘날의 미술관 제도를 이해하는데 은유적으로 끌어들이고 있다.

표도로프나 말레비치 같은 예민한 정신의 소유자들은 (…) 신의 죽음 이후, 미술관은 죽음을 넘어서는 초역사적 통합이 이루어지는 유일한 장소로 남으리라는 것을 일찌감치 간파했어요. 거기서 파라오의 미라는 뒤샹의 변기와 만날 수 있고 그럼으로써 그것들의 역사적 시기를 분리하는 경계들을 넘어서게 되죠. (…) 프리드리히 슐레겔은 소설을 여타의 모든 장르를 지배하는 장르 중의 장르로 정의했는데 이는 소설이 그 안에 모든 다른 것들을 수용할 수 있기 때문이라는 거였죠. 우리 시대에 19세기의 소설과 같은 역할을 하는 것은 미술관 설치죠. 오늘날의 설치는 회화, 조각, 필름, 비디오, 사진, 상호작용 인터넷 등 모든 매체를 수용할 수 있어요. 그리고 동시에 설치는 역사적 조건에 따라 부패 상태가 다른 물체들을 포괄할 수 있어요. 이를테면 코와 팔이 떨어져 나간 고대의 조각상부터 디터 로스의 썩어가는 초콜릿 조각까지 말이죠.

부활한 선인(先人)들로 지구가 넘쳐나게 되면 이를 어떻게 수용할 것인지, 그리고 서로 다른 시대의 사람들이 공존함으로써 발생할 수 있는 갈등을 어떻게 봉합할 것인지는 코스미즘의 주창자들을 곤혹스럽게 한 문제 가운데 하나였다고 한다. 가능한 해결책으로 제안된 것들 가운데는 행성 간 여행이 가능해지면 우주 곳곳의 행성을 특정한 시대와 지역의 특수성을 살린 거주지로 활용하자는 안도 있었다. 니콜라이 표도로프는 미래의 우주는 죽음을 정복하고 부활한 이들로 가득한 '완전한 박물관(total museum)'이, 즉 만물의 아카이브가 될 것이라 상상했다고 한다.

특정한 제도나 실천과 결부된 예술적 매체를 만물의 아카이브에 걸맞은 은유로 삼으려는 충동, 달리 말하자면 '메타-매체' 또는 '초-매체'를 구성하려는 충동은 그다지 낯선 것이 아니다. 역사적으로 볼 때 이러한 매체의 후보로 가장 먼저 제안된 것은 그로이스가 슐레겔의 주장을 빌려 언급하고 있듯 19세기의 소설이었다. 슐레겔이나 그로이스보다는 다소 신중하게, 푸코는 「환상적 도서관(La Bibliothèque Fantastique)」(1967)에서 플로베르의 소설, 특히 그가 평생에 걸쳐 고쳐 쓴『성 앙투안의 유혹』을 '책 중의 책'을 염원하는 메타적 충동을 대표하는 사례로 꼽은 바 있다. 푸코는 다음과 같이 주장한다.

> 『성 앙투안의 유혹』은 인쇄물의 광대한 영역과 확고하게 관계하고 있다. 이것이 자리를 차지하고 있는 곳은 글쓰기의 공인된 제도 속이다. 그것은 다른 책들 옆에 놓이는 새로운 책이라기보다는 기존의 책들의 공간 위에서 펼쳐지는 하나의 작품이다. 이 작품은 기존의 책들을 되찾고, 그것들을 감추고, 그 책들을 드러내고, 이들을 반짝이게 하는 동시에 사라지게 만든다. 그것은 오랫동안 플로베르가 쓰려고 꿈꾸었던 책이기만 한 것이 아니다. 그것은 다른 책들의 꿈이다. 다른 모든 책들, 꿈꾸는 책들, 꿈꾸어진 책들—다시 취해지고, 파편화되고, 자리가 옮겨지고, 조합되고, 꿈에 의해 멀어지지만 바로 그 꿈에 의해 다시 욕망의 상상적이고 눈부신 충족에 가까워지기도 하는 책들. 그 후 말라르메의 '책(Le Livre)'이 가능해질 것이고, 뒤이어 조이스, 루셀, 카프카, 파운드, 보르헤스가 가능해지리라. 도서관은 불타오르고 있다.

그렇다면 소설의 뒤를 이어 만물의 아카이브를 위한 은유로 제안된 것은 무엇이었을까? 그건 바로 20세기의 영화였다고 말하고 싶기도 하지만, 앙드레 바쟁의 '완전영화(total cinema)' 개념에는 어쩐지 표도로프의 완전한 박물관과 닮은 구석도 있다는 생각도 들지만, 냉정하게 말하자면 고귀한 자리에는 영 어울리지 않는 세속적 장르로서의 영화는 그러한 아카이브에 부속된 소각장을 누비는 탐식가인 채로 남았을 뿐이다. 여하간 나는 우리 시대에 19세기의 소설과 같은 역할을 하는 것이 미술관 설치라는 그로이스의 주장에는 반쯤만 동의하는 편이다. 모든 것의 부활과 불멸이야말로 완전한 아카이브의 이념이라면, 대부분 일시적일 뿐인 미술관 설치는 불멸이라는 중요한 기능을 결여한 것처럼 보이기 때문이다. 상식적인 이야기지만, 하나의 전시가 끝나고 나면 우리는 도록 등을 통해 간접적으로 재구성해 보는 정도를 제외하고는 그것에 접근하는 일이 아예 불가능하다. 상설 전시를 운영하는 미술관도 있기는 하지만 경계를 넘어서며 서로 다른 것들을 포괄하는 방식으로 큐레이팅이 이루어지는 사례는 거의 없다. 그러니 그로이스처럼 미술관 환상에 빠지기보다는, 『도서관 환상들』(김이재 옮김, 만일, 2021)을 기획·편집한 아나소피 스프링어가 제안하는 것처럼 푸코가 "상호텍스트성과 창조·반(反)창조·재창조의 공간으로 강조"한 도서관을 "하나의 큐레이토리얼 공간으로 여기고 세심하고 열정적으로 가꿀 때 그 안에서" 환상들이 자라나리라고 보는 편이 나을 것이다.

핀란드의 과학자이자 예술가인 에르키 쿠렌니에미는 생전에 자신을 둘러싸고 있는 모든 것을 수집하는 일에 강박적으로 몰두했는데, 비디오카메라, 녹음기, 사진기 등으로 일상을 매일 기록하는 것은 물론 신문부터 영수증까지 잡다한 것들을 죄다 모아두는 식이었다. 가히 기벽에 가깝게 여겨질 만큼 이 프로젝트에 몰두하는 쿠렌니에미의 모습은 그의 작업과 견해를 전체적으로 조망하는 미카 타닐라의 다큐멘터리《미래는 예전 같지 않다(The Future is Not What It Used to Be)》에서 일부나마 엿볼 수 있다. 그의 프로젝트의 동기는 다음과 같다. 언젠가 미래에는 인간의 정신, 마음, 감정 등이 육신의 구속으로부터 해방되어 디지털 네트워크 속에서 영생을 누릴 날이 오겠지만, 당장 그런 미래가 오기 전에 자신이 사망하더라도 미래의 인류는 그가 남긴 수집물들을 통해 그의 '영혼'을 복원할 수 있으리라는 것이다. 우리는 여기서 표도로프적 공상의 21세기적 버전을 본다. 이에 대해 정지돈은 그의 소설집 『내가 싸우듯이』 말미에 수록된 글에서 쿠렌니에미에 대해 언급하며 "20세기 중반의 천재는 광인이 되어 21세기에 귀환했고 다른 예술가나 힙스터들에게 영감을 주거나 과거의 찬란했던 미래상을 씁쓸한 형태로 돌려준다"라고 썼다. 쿠렌니에미는 자신이 평생토록 수집한 기록물들을 디지털 포맷으로 정리하고 통합해 그가 107세 생일을 맞는 2048년에 온라인상에서 가상적으로 자신을 복원해 선보일 수 있게 되길 꿈꾸었다. 그는 2017년 5월에 76세를 일기로 세상을 떠났다.

만일 어떤 식으로건 2048년에 쿠렌니에미의 꿈이 실현
된다면 그것은 어떤 형태를 띠게 될까? 2045년의 미래 세계
를 배경으로 한 스티븐 스필버그의 《레디 플레이어 원》에 묘
사된 '할리데이 저널'과 같은 것이 될까? 영화 속 '큐레이터'
의 설명에 따르면, 이곳은 가상현실 오아시스의 설계자인 제
임스 할리데이의 "개인 사진과 영상물, CCTV 기록으로 꼼꼼
히 구성되어 3차원 가상현실로 렌더링"된 박물관이다. 이미
세상을 떠난 할리데이는 이렇게 '부활'한다. 모든 미션에서 승
리해 오아시스의 소유권을 얻게 된 주인공 웨이드 와츠 앞에
생전의 모습으로 나타난 할리데이는 그가 정말 죽었느냐는 질
문에 그렇다고 대답하면서 또한 자신은 아바타는 아니라고 답
변한다. 이어지는 웨이드의 질문, "그렇다면 당신은 누구죠?"
이에 대해서는 아무런 답변도 남기지 않은 채 할리데이는 작
별 인사만을 남기고 사라진다. 이처럼 할리데이의 '불멸'은 분
명하면서도 모호하다. GPT-4가 처음 발표된 2023년 3월 14
일 현재, 이 대화형 인공지능에게 할리데이의 생사 여부를 물
어보니 다음과 같은 답변을 준다.

> 스티븐 스필버그 감독의 영화 《레디 플레이어 원》은 어
> 떤 작품인지는 알고 있지만, 이 작품에 등장하는 캐릭터
> 의 생사와 관련된 내용은 기억나지 않습니다. 그러나 《레
> 디 플레이어 원》은 어떤 소설을 원작으로 한 영화이기 때
> 문에, 원작 소설인 어니스트 클라인의 『레디 플레이어 원』

을 기반으로 대답을 드리겠습니다. 소설에서는 제임스 할리데이는 이미 죽어 있습니다. 이전에 할리데이가 죽은 후, 그는 자신이 만든 가상현실 세계인 오아시스에서 숨겨진 보물찾기 대회를 개최하며 자신의 유산을 남길 계획을 세웁니다. 이 대회에서 이긴 사람은 할리데이의 재산과 통제권을 얻을 수 있습니다..이를 위해 대회 참가자들은 할리데이의 삶과 작품들에 대해 연구하고, 그가 남긴 흔적을 추적하며 대회에 참가합니다. 따라서, 소설 『레디 플레이어 원』에서 제임스 할리데이는 이미 죽어 있습니다.

GPT의 답변이 얼마나 그럴싸한지는 우리의 관심사가 아니다. 우리는 GPT가 한층 더 인간적인 것을 모방하도록, 심지어 강화하고 능가하도록 빠르게 개선되고 있다는 보도들을 접하곤 한다. 『초토화된 지구(Scorched Earth)』(2022)에서 조너선 크레리는 이를 터무니없고 얼빠진 주장이라고 지적하는데, 여기엔 "'인간'이 무엇인지에 대한 신자유주의적/기업주의적 개념"이 전제되어 있기 때문이다. 게다가 이런 보도들은 정작 눈에 빤히 보이는 현상을 은폐하는 경향이 있다. 지난 십수 년 동안 SNS 및 메신저 서비스가 상용화된 이후 우리가 목도한 것은 인간적 소통이 GPT에 최적화된 형태로 변용되어 온 과정이었다. 오늘날 알고리즘이 인간적 소통을 수월하게 포획할 수 있게 된 것은 바로 이러한 변용의 과정이 있었기 때문이다. GPT의 '거짓말'이 종종 화제에 오르기도 하지만 그 전에 이미 우리는 '포스트-진실'의 시대에 들어와 있었다. 십수 년 동안 각종 스마트 기기가 이러한 과정을 치밀하게 매개해 왔다면 코로나19 범유행으로 인해 강요되다시피 한 '온택트' 문화의 전면화는 이를 가속화했다.

다시 원래의 주제로 돌아가자. 만물의 아카이브, 완전한 박물관의 21세기적 은유의 후보로 그럴싸한 것은 미술관이 아니라 가상현실이라고 해야 할까? 가상현실을 기술적인 측면에서만 바라보면서 이를 사진, 영화, 비디오 또는 게임과 같은 계보에서 이해하려는 모든 시도는 오류에 봉착할 수밖에 없다. 가상현실은 사진, 영화, 비디오, 게임은 물론이고 책, 음악, 회화, 조각, 건축, 공연 및 앞서 언급한 GPT, 나아가 삶을 둘러싼 모든 것을 포괄하고, 심지어 가상현실 자체를 그 세계 내에 포괄할 수 있는 메타-매체의 이념을 향해 다가가고 있기 때문이다. 말하자면 가상현실이라는 스펙터클은 일반적 등가물로서의 화폐와 상동적인 고안물이다.

이념은 그것의 실현 여부가 아니라 가능성에 따라 판단되는 것이라면, 오늘날의 가상현실 기술이 메타-매체라기엔 한참이나 모자라기 짝이 없는 것이라는 점에 지나치게 연연할 필요는 없다. 쿠렌니에미가 자신의 필생의 프로젝트가 실현될 해로 예고한 2048년을 기준으로 꼬박 백 년 전인 1948년에 「새로운 아방가르드의 탄생: 카메라 만년필」이라는 글을 발표했던 알렉상드르 아스트뤽이 지금의 가상현실 기술을 접한다면 다음과 같이 글을 고쳐 쓸지도 모를 일이다. 현재로서는 2016년에 세상을 떠난 아스트뤽을 부활시킬 방법이 없으므로 그의 원문*을 참고해 내가 고쳐 써 보았다.

> 지금껏 가상현실은 구경거리(spectacle)에 불과했다는 것을 깨달아야 한다. 그것은 대부분의 가상현실 체험이 전시장에서 이루어지기 때문이다. 하지만 모든 사람이 헤드 마운트 디스플레이(HMD) 기기를 소유하게 되고 가상현실 속의 여러 사이트(도서관, 공연장, 미술관, 영화관 등등)를 방문해서 자신이 원하는 것들을 찾고 즐기게 될 날도 멀지 않았다. 그러한 날이 오면, 하나의 현실에 대해 말하는 것은 더 이상 가능하지 않고 복수의 현실들이 있게 될 것이다.

이처럼 지나치게 건전한 방식으로 미래를 그려보는 걸 영 마뜩잖게 여기는 이들도 있을 터이다. 냉철하게 생각해 보자. 가

---

*

참고를 위해 원문의 해당 부분을 옮기면 다음과 같다. "지금껏 영화는 구경거리에 불과했다는 것을 깨달아야 한다. 그것은 모든 영화가 극장에서 영사된다는 사실 때문이다. 하지만 16mm 필름과 텔레비전의 발달과 더불어, 모든 사람이 영사기를 소유하게 되고 동네의 서점에 가서 어떠어떠한 주제에 대한—문학비평과 소설에서부터 수학, 역사 및 과학 일반에 이르기까지 어떠한 형식이건—필름을 구하게 될 날도 멀지 않았다. 그러한 날이 오면, 하나의 영화(un cinéma)에 대해 말하는 것은 더 이상 가능하지 않으리라. 오늘날 복수의 문학들이 있는 것처럼 복수의 영화들(des cinémas)이 존재하게 될 것이다."

상현실은 그것의 운용에 필요한 노동을 철저하게 감추는 방식으로 작동하는 현실이다. 『쓰레기』(한유주 옮김, 플레이타임, 2015)라는 흥미로운 소책자의 저자인 브라이언 딜에 따르면, 오늘날의 인공적 대상들은 흡사 천상에서 빚어지기라도 한 것처럼 점점 노동의 흔적을 축소하거나 제거하는 방향으로 설계되는 경향이 있다. 그렇다면 여러 SF영화에 등장하는 가상현실은 이런 인공적 대상의 극치라고 해도 좋겠다. 꼭 가상현실이 아니더라도, 도심 재활성화가 이루어져 산뜻하게 단장된 구역을 거닐 때, 우리는 노동을 은폐하는 가상현실의 특성이 이미 실제의 현실을 잠식해왔음을 깨닫게 된다. GPT가 이미 알고리즘화된 인간적 소통을 모방할 뿐이듯, 가상현실은 이미 가상화된 현실을 모방할 뿐이다. 정작 오늘날의 산업이 염두에 두고 있는 가상현실은, 스필버그의 《레디 플레이어 원》에 묘사된 미래가 그러하듯, 죽음 없는 세계에서 익스트림 스포츠에 탐닉하는 '레트로 마니아'들의 경기장 같은 것이 아닌가 하는 생각이 들 때도 있다. 혹은 가상현실은 김용화의 《신과 함께》 연작에 조악하게 묘사된 테마파크로서의 저승과 유사한 것이 될 수도 있다. 그러고 보면 저승이란 인류가 고안한 최초의 가상현실이자, 거기 간 누구도 돌아온 적이 없다는 점에서 가장 완벽한 가상현실이 아니었던가?

그렇다면 이런 세계에서 사진의 의미는 과연 무엇일까? 모든 것이 반복 가능하고 시간에 침식당하지 않으며 할리데이 저널처럼 완전한 박물관에 가까운 디오라마까지 갖춘 세계에서 말이다. 가상현실을 소재로 삼은 여타 영화들에서와 마찬가지로, 《레디 플레이어 원》의 인물들 또한 가상현실 오아시스를 누비고 다니면서도 좀처럼 사진 찍는 법이 없다. 혹시 오아시스 내에서 벌어지는 사건들은 언제라도 다시 재생이 가능하도록 모두 데이터로 자동 저장되는 것일까? 그렇다면 염라대왕의 장부에 필적할 만큼 엄청나게 방대한 것일 터인 이 데이터들의 물리적 저장소는 과연 어디에 있는 것일까? 그리고 이 물리적 저장소를 유지·관리하는 일에 종사하는 이들의 수는 얼마나 되며 그들은 어떤 처우를 받고 있을까? 이런 규모의 물리적 저장소를 지탱하려면 정작 지구라는 행성 자체는 남김없이 소모되어야 하지 않을까?

주인공 웨이드는 첫 번째 미션을 통과해 할리데이의 아바타인 아노락과 대면할 때도, 모든 미션을 통과하고 나서 생전의 모습을 띤 할리데이와 만나는 역사적 순간에도 '인증숏' 하나 찍을 생각을 하지 않는다. 오아시스 내에서 웨이드가 모는 자동차가 《백 투 더 퓨처》의 주인공 마티가 몰던 타임머신 드로리안의 복제품인 것은 '리셋' 가능한 세계를 가리키는 지표일 것이다. 시간을 넘나드는 마티에게 사진은 역사가 제대로 교정되었는지를 확인—과거가 바뀜에 따라 현재나 미래에 속하는 사진의 내용도 달라지므로—하기 위한 유용한 수단이었다. 하지만 웨이드에게 사진은 별다른 의미가 없는 것처럼 보이며 다른 인물들 역시 이런 태도를 공유하고 있는 것 같다. 가상현실 속에선 다들 개인용 드론을 아이템으로 지니고 있음이 분명한데도 말이다. 이런 점에서《레디 플레이어 원》은 리셋 가능한 세계에서 사진적인 것과 결부된 행동 심리를 정확히 반영하고 있는 영화다.

물론 이 영화에 사진이 전적으로 부재하는 것만은 아니다. 가상현실 체험용 장비가 갖추어진 웨이드의 비밀 장소 벽면에는 할리데이 관련 사진과 그의 소식이 실린 신문이나 잡지 쪼가리들이 빼곡하게 붙어 있다. 웨이드가 첫 번째 미션을 통과하고 나서 할리데이 저널을 다시 방문할 때, 입구에 몰려든 아바타 군중들은 각자의 드론을 허공에 띄워 놓고 기념사진을 찍기에 바쁘다. 하지만 스필버그가 일부러 회고 취미를 과장해 꾸며 넣은 듯한 이런 설정은 부조리한 유머일 수는 있어도 미래 세계의 심리학에 걸맞은 것은 아닌 듯하다.

인증숏에 가까운 사진들이 여전히 우리의 SNS에 범람하고 있는 것처럼 보인다면, 이는 현재의 디지털 네트워크가 우리에게 가상적 불멸을 선사하는 죽음 없는 세계로까지는 아직 진입하지 못했다는 뜻이겠다. 이때 스필버그의 회고 취미는 20세기적 멜랑콜리의 흔적이면서 일종의 저항이기도 하다. 그렇다면 대체 무엇에 대한 저항일까? 아마도, 역사의 타임라인을 가로지른 지구 자체가 어느덧 모든 인류의 플레이어 없는 아바타들을 수용한 거대한 가상현실이 되어 우주를 떠돌게 되는 미래에 대한.

다시 한번 말하자면, 모든 것이 반복 가능하고 시간에 침식당하지 않는 세계에서 사진의 의미는 매우 미심쩍고 모호하며 불확실할 수밖에 없다. 물론 이런 세계는 실제로 존재하지 않으며 물리 법칙(정확히는 열역학 제2법칙)에도 어긋나기 때문에 실현될 가능성도 없다. 하지만 나는《레디 플레이어 원》같은 영화에서 가상현실이 묘사되는 방식을 살펴봄으로써 간접적으로나마 사진과 관련된 미래 세계의 (어쩌면 우리 시대의) 심리학에 대해 가늠해 보려 했다.

이제 지금까지 고찰한 것을 박윤진의 다큐멘터리《내언니전지현과 나》를 통해 조금 다른 관점에서 살펴보자. 게임회사 넥슨이 1999년에 출시, 한때 상당한 인기를 끌기도 했으나 관심이 시들해지자 10년 넘게 업데이트도 없이 방치해버린 MMORPG 게임〈일랜시아〉의 유저들이 이 다큐멘터리의 주인공이다. 각종 매크로 프로그램(반복적인 작업을 자동으로 실행하는 프로그램)이 난무하고 패치 없는 버그도 많지만 기이하게도 십수 년째 이 게임의 세계에서 빠져나오지 못하는 이들이 있다. '마님은돌쇠만쌀줘'라는 이름의〈일랜시아〉길드에서 '내언니전지현'이라는 아이디로 활동하고 있던 박윤진은 영화과 졸업작품을 만들고자 길드원들을 차례로 만나 여전히〈일랜시아〉에 머무는 이유가 무엇인지 묻는다. 이 작품은 한 온라인 게임의 길드원들과 21세기 초반의 사회문화적 구성물들이 어우러져 형성된 장을 가로지르는 흥미진진한 자기민속지다.

2020년 인디다큐페스티발에서 첫 공개될 당시부터 이미 적잖이 화제가 되었던 이 영화는 관객들의 입소문을 타고 알려지며 몇몇 다른 영화제들에서도 상영되었고 급기야 정식으로 개봉되기에 이르렀다. 영화가 알려지면서 감독은 〈일랜시아〉의 개발자들을 만날 수 있었고 넥슨은 12년 만에 이 게임 유저들을 위한 공식 이벤트를 열었으며 소규모지만 유저 간담회가 마련되기도 했다. 원래 71분이었던 상영 시간은 개봉을 위해 재편집한 판본에서 86분으로 늘어났는데, 단지 시간만 늘어난 게 아니라 이 영화의 홍보용 카피처럼 '망겜'〈일랜시아〉의 '16년 차 고인물'인 감독이 "게임을 구하기 위해 카메라를 들었다"는 식으로 전체적인 구조와 방향이 재편되었다. "카메라를 들었더니 게임을 구하게 되었다"라고 하는 쪽이 사실에 가까울 터인데도 말이다. 이처럼 편집이 바뀌는 과정에서 자기민속지적 친밀함은 저널리즘적 무용담에 자리를 내주고 말았는데 이는 크게 아쉬움이 남는 부분이다.

《내언니전지현과 나》에서 감독은 게임상에서 길드원들과 곧잘 사진을 찍기도 한다. 오해가 없도록 상술하자면, 카메라를 손에 들고 피사체를 찍는 물리적인 방식이 아니라 게임 화면의 전체나 일부를 캡처해 이미지 파일로 저장하는 식이라 통상적인 사진 촬영과는 좀 다르다. 여하간 감독 자신을 비롯한 온라인 게임의 유저들이 이러한 행위를 별다른 어색함 없이 '사진 찍기'로 간주하고 있다는 점은 흥미롭다. 종종 이러한 '사진 찍기'는 전통적 사진이 그러하듯 특정한 순간을 기넘하는 '인증숏'을 얻기 위한 것이다. 즉 내가《레디 플레이어 원》이 묘사한 가상현실에 대해 고찰하면서 떠올린 온라인 기반 미래 세계의 심리학은 여기서 작동하지 않고 있다. 〈일랜시아〉에서 미용사로 활동하고 있는 '내언니전지현'은 다른 유저 캐릭터의 머리를 손질해 주고 나서 "사진 한 방 찍어요"라고 제안하기도 하고, 오프라인에서 만나 함께 MT를 간 '마님은돌쇠만쌀줘' 길드원들이 찍은 기념사진은 온라인상에서 각각의 캐릭터들이 함께 모여 있는 모습을 캡처한 이미지와 중첩되기도 한다. 이렇게 해서, 전통적 방식으로 찍힌 사진과 캡처된 이미지 간의 동종성이 뚜렷이 강조된다. 온라인에서 길드원들이 '사진 찍기'에 임할 때 캐릭터들은 하나같이 정면을 향하고 있어(사진 26) 단체 초상을 담은 회화나 사진 이미지의 계보를 분명히 환기하고 있기도 하다.

앞에서 나는 인증숏에 가까운 사진들이 여전히 우리의 SNS에 범람하고 있는 것처럼 보인다면, 이는 현재의 디지털 네트워크가 우리에게 가상적 불멸을 선사하는 죽음 없는 세계로까지는 아직 진입하지 못했다는 뜻일 수 있다고 진단했다.《내언니전지현과 나》에 묘사된 〈일랜시아〉 길드원들의 태도에 내가 호감을 느낀 것은 20세기 끝자락에 태어나 21세기 초입에 10대와 20대 시절을 보낸 그들에게서 저 20세기적 멜랑콜리의 흔적을 감지했기 때문인지 모른다. 이를 굳이 감추거나 부정하고 싶은 생각은 없다.

[사진 26]

어떤 면에서 〈일랜시아〉라는 게임은 나와 동년배이거나 나보다 약간 나이가 많거나 적은 세대의 개발자들—요즘에는 돌아온 매버릭에 열광하고 돌아온 슬램덩크에 눈물 흘리며 김대중과 노무현 시절을 막연하게 그리워하는 한국의 '더 퍼스트 키덜트' 세대, 진보적으로 말하면서 언제나 보수적으로 걷는 힙한 신자유주의의 아이들—에 의해 창조되고 버려진 가상의 유토피아라고 할 수 있다. 그리고 10대 무렵에 이 게임을 처음 접한 뒤 십수 년째 이곳을 배회하고 있는 20대의 유저들은 매크로 프로그램을 통해 〈일랜시아〉를 일종의 카운터-유토피아로 바꾸어 놓은 셈이다. 박윤진의 영화가 처음 공개된 2020년 현재, 〈일랜시아〉의 세계는 유저가 직접 컨트롤하지 않아도 매크로 프로그램을 통해 반복적으로 작업을 수행하며 '어빌리티'를 올리는 캐릭터들, 즉 "플레이어 없는 아바타들"로 가득하다. 이때 '마님은돌쇠만쌀줘' 길드 같은 커뮤니티는 유토피아와 카운터-유토피아의 사이에, 그 둘의 경계면 내지는 접촉면에 자리하고 있는 것 같다.

온라인 게임과 같은 가상 세계에서 '사진 찍기'라는 행위가 무리 없이 수용된다는 사실은 오늘날 사진이 가리키는 대상의 성격이 전적으로 달라졌음을 가리킨다. 언어철학의 영역에서 제안된 현대적 지시이론의 용어를 빌려 말하자면, 오늘날 사진적 지시는 기술적 지시에서 직접적 지시로 이행하는 과정에 있다. 철학적 지시이론은 주로 이름(고유명)이 가리키거나 뜻하는 것과 관련되어 있지만 이러한 논의를 참고해 사진에 대해 고찰해 보는 것도 가능하다. 라이프니츠로부터 프레게와 러셀로 이어지는 전통적인 기술적 지시이론의 입장을 참고하자면, 한 사진의 의미는 그 이미지를 구성하는 요소들의 총합을 기술—예컨대, 어떤 풍경을 배경으로 어떤 사물을 들고 누군가와 함께 어떤 포즈를 취하고 있는 어떤 사람의 모습이라는 식으로—하는 것으로 충족될 수 있다. 사실 우리는 사진을 이런 방식으로 보는 데 익숙하다. 이런 사진은 카메라 앞에 놓인 사물과 사람과 사건들에 대한 증거로 기능했으며 우리가 기념할 만한 순간을 기록하고 보존하기 위해 사진을 사용해 온 것도 바로 이런 특성에 대한 믿음 때문이었다.

한편, 솔 크립키나 힐러리 퍼트남 같은 철학자들이 지지한 직접적 지시이론의 입장을 참고하자면, 어떤 사진의 의미는 그 이미지에 담긴 내용 자체보다는 그것이 특정한 맥락과 관계하는 방식에 있다. 가령 온통 파란색으로만 가득한 추상적인 사진이 하나 있다고 하자. 기술적 지시이론의 입장에서 이는 그저 파란색 이미지에 지나지 않는다. 그런데 이 사진이 어느 날 오랜만에 모인 세 명의 친구가 특정한 시간에 함께 바라본 하늘을 찍은 것이라면? 이 사진의 맥락을 알고 있는 이들에게 저 파란색 이미지는 '바로 그때 바로 거기서 본 바로 그 하늘'이라고 하는 대상을, 그것도 오직 그 대상만을 직접 가리키는 기호가 된다. 우리가 일상생활에서 누군가의 이름을 사용하는 방식은 사실 이런 기제를 따른다. '유운성'이라는 이름은 그것이 가리키는 대상에 대해 아무것도 기술하지 않지만 어떤 맥락을 공유하는 공동체 내에서는 정확히 유운성이라고 하는 바로 그 사람만을 가리킨다. (이런 입장을 취한다는 것이 '유운성'이라는 이름을 오직 한 사람만 사용할 수 있음을 뜻하지는 않는다. 동명이인이나 여러 이름을 지닌 인물의 존재는 직접적 지시이론에 아무런 타격도 가할 수 없는데 여기서는 이에 대해 상세히 논하지 않겠다.)

오프라인 MT에서 모인 '마님은돌쇠만쌀줘' 길드원들이 찍은 기념사진이 온라인상에서 모인 캐릭터들을 캡처한 이미지와 포개어지는 부분을 다시 떠올려 보자. 《내언니전지현과 나》에 묘사된 커뮤니티가 자리한 시대 또는 세대의 징후가 이 부분만큼 적나라하게 드러나는 곳도 없는 것 같다. 구식 온라인 게임의 화면을 캡처해 기념으로 간직하는 것은 〈일랜시아〉의 세계에 속하지 않는 이들에겐 부조리해 보일 수도 있다. 그래픽 요소들이 단순해서 꼭 특정한 순간에 캡처하지 않더라도 얼마든지 요소들을 조합해 꼭 같은 이미지를 만들어 낼 수 있을 것이기 때문이다. 하지만 이 캡처 이미지들은 길드원으로 이루어진 커뮤니티와 〈일랜시아〉의 유저들은 물론이고 어쩌면 《내언니전지현과 나》라는 다큐멘터리를 본 관람객에게도 분명히 어떤 특정한 순간을, 그것도 오직 그 순간만을 기념하는 유일무이한 기호로서 인지될 수 있다.

사실 오늘날 SNS에 넘쳐나는 사진들은 모두 이와 같은 특성을 띤다고 할 수 있다. 이러한 사진들은 얼마든지 조작 및 변형 가능한 것이지만 이로 인해 진위 판단이 어려워질 수는 있어도 그 지위를 위협받는 일은 없다. 왜일까? 대부분이 이미 직접적 지시를 가능케 하는 맥락의 네트워크 속에 편입되어 있기 때문이다. 심지어 맥락은 외재화(外在化)되어 있기까지 하다. 디지털 사진에 자동적으로 포함되는 메타데이터는 말할 것도 없고, 온라인에 게시된 사진에 달린 해시태그, 사진에 대한 댓글, 아이콘의 형식으로 표현되는 '반응'들을 통해 형성되고 또 확장되는 네트워크를 떠올려 보라. 본디 직접적 지시와 관련된 맥락은 공동체의 암묵적 상상 속에서 얼마간 허구적으로 존재하는 것이었지만 이제 그것은 이러한 네트워크를 통해 철저히 외재화되어 있다. 즉 오늘날 사진이 의미를 부여받는 방식은 블록체인 기술이 적용된 가상적 암호 화폐의 가치가 평가되는 방식과 유사한 것이 되어가고 있다. 그리하여, 오늘날 직접적 지시의 기호로 이행한 사진은 기술적 지시로서의 사진이 지니고 있던 매우 강력한 기능 가운데 하나였던 증거 능력을 수상쩍은 방식으로 되찾으려 한다.

예술가이자 이론가인 빅터 버긴은『기억된 영화(The Remembered Film)』(2004)에서 '시퀀스-이미지'라는 흥미로운 개념을 제안한다. 이는 과거(회상) 및 현재(지각)와 관련된 경험들이 얼마간 무작위적이고 비선형적인 방식으로 뒤얽히면서 하나의 이미지처럼 응축된 것이라고 할 수 있다. 시퀀스-이미지를 이루는 경험의 요소들은 하나씩 차례로 떠오르기는 하지만 어떤 목표를 향해 가지 않고, 전체적으로 얽혀 서

사라기보다는 오브제의 특성이 강한 형상적 짜임을 만들어 낸다. 시퀀스-이미지에 대한 버긴의 논의는 영화와 관련해 다음과 같은 입장으로 향한다. 영화는 단순히 물질적 소재(필름)만도 아니고, 그것의 영사와 집단적 관람이라는 사건만도 아니다. 영화는 직접적 관람 경험과 온갖 담론들(홍보용 스틸 사진, 작품에서 발췌한 이미지, 기사와 인터뷰와 비평, 사적인 토론 등)이 제공하는 경험이 뒤얽혀 형성되는 정신적 대상이다. 버긴에 따르면 이러한 정신적 대상으로서의 시퀀스-이미지는 전통적 영화학이 연구의 대상으로 삼았던 것과 매우 다른 대상이다.

시퀀스-이미지는 한 장의 사진이나 어떤 영화에서 떠올린 특정한 숏, 어떤 사물 또는 예술 작품, 버긴 자신이 역사학자 피에르 노라의 용어를 빌려 논하고 있는 집단적 기억의 장소(lieu de mémoire)—노라가 기획하고 120여 명의 역사학자가 참여한 대저 『기억의 장소』(김인중 외 옮김, 나남, 2010)를 떠받치는 개념—들에 이르기까지 온갖 것과 결부될 수 있다. 버긴은 주체가 실제로 겪은 일인지 여부와 무관하게 사실처럼 다가오는 것이 시퀀스-이미지라고 주장한다. 이때의 사실이란 "하나의 '현재적 순간'에 대한 지각들이 과거의 정동 및 의미와의 연관 속에 붙들려 있는 일시적 상태"다. 말하자면 시퀀스-이미지는 대단히 사적일 수 있는 직접적 지시의 기호라는 점에서 바르트적 푼크툼 개념과 관련된 것처럼 보이기도 하지만, 인공물로서의 사진을 통해서만이 아니라

각양각색의 오브제를 통해 촉발될 수 있으며, 한편으로는 사적 기호에 머물지 않고 공적으로 소통 가능한 기호일 수 있다는 점에서 푼크툼적인 것과 분명히 성격을 달리한다. 바르트의 푼크툼이 기호학의 가장자리에서 그 외부를 바라보는 월경 개념이라면, 버긴의 시퀀스-이미지는 기호학의 가장자리에서 그 내부를 바라보는 한계 개념이다.

　버긴의 논의를 참고해 말하자면, 해방 이전에 제작된, 대부분 필름이 남아 있지 않은 한국영화들은 몇 장의 사진과 광고와 기사, 그리고 비화와 전설 등을 통해 환기되는 응축된 시퀀스-이미지로서의 영화로(만) 존재해 왔다고 할 수 있다. 하지만 이러한 이미지와 기억을 통해 개인적 관계를 맺을 수 있었던 세대는 이제 더 이상 없으며, 그들의 기억 대부분은 전수되지도 못했고, 현재적 경험은 불가능하다. 민중 개개인의 기억과 단절된 이미지는 정신적 대상으로서의 영화가 아닌 연구자들의 '영화자료'가 되어 가라앉는다. 이로써 식민지 조선에서 제작된 영화들은 아무런 기억 없이 온전히 기념만 할 수 있는 대상이 되었다.

　2019년 10월 27일, 한국영화는 공식적으로 탄생 100주년을 맞이했다. 이날은 신파극단 신극좌의 대표 김도산이 연출한 연쇄극《의리적 구토(義理的仇討)》가 서울 종로 3가의 단성사에서 초연된 날이다. 연쇄극은 무대 위에서 이루어지는 연극 공연과 미리 촬영해 둔 필름의 영사를 교차시키는 형태로, 무성영화 시기에 한국과 일본에서 적잖이 대중적 인기를 누렸던 것으로 알려져 있다. 최초의 한국영화로 꼽히는 작품이 이처럼 연극이라는 장르에 '기생'하는 '불순'한 형태이다 보니, 몇몇 한국영화 연구자들은 이러한 작품을 역사적 기점으로 간주하는 일이 과연 온당한가 하는 물음에 사로잡히기도 했다. 그런가 하면,《의리적 구토》초연 당시 연쇄극 공연에 앞서 상영된 '실사(實寫)' 필름(풍경을 담은 짧은 기록 필름)인《경성 전시(京城全市)의 경(景)》을 한국영화의 효시로 보아야 한다는 견해(김종원,「한국영화 백 년과 기점의 문제점:《의리적 구토》에 가린《경성 전시의 경》의 존재」, 2019)도 있다. 실제로 1919년 10월 28일자《매일신보》기사는 초연 당시의 상황을 다음과 같이 전하고 있다.

> 영사된 것이 시작 흐는듸 위션 실사(實寫)로 남대문에셔 경성 전시(京城全市)의 모양을 빗치이미 관긱은 노상 갈 에 박수가 야단이엿고 그 뒤는 졍말 신파 사진과 비우의 실연 등이 잇셔셔 쳐음 보는 됴션 활동샤진임으로 모다 취한 듯이 흥미잇게 보아 젼에 업는 셩황을 일우엇다더라.

초기 한국영화와 관련해 호기심을 돋우는 기록들은 적지 않다. 정작 그 대상이 되는 작품들은 거의 전해지지 않고 있는데도 말이다. 100주년을 맞은 한국영화를 기념한다고 할 때 기점이 되는《의리적 구토》는 '한국'이 아니라 식민지 '됴션'의 영화였다는 문제는 일단 차치하고라도, 기념의 대상으로서의 영화는 과연 무엇을 지칭하는 것일까?

이를테면, 뤼미에르 형제의《공장을 떠나는 노동자들》을 영화사상 최초의 작품으로 간주하는 이들에게, 영화란 일정 시간 동안 촬영해 필름에 담아낸 현실 세계의 기록을 영사기를 통해 스크린에 투사해 불특정 다수의 관람객 집단에게 유료로 보여주는 이벤트를 가리키는 것이다. 따라서, 뤼미에르 형제가 1895년 12월 28일 파리의 그랑카페에서 자신들의 영화를 대중에게 보여주기 몇 달 전에 산업계 관계자들만을 대상으로 가졌던 시연회는 최초를 정당화하는 조건에 부합하지 않는다. 또한 '테아트르 옵티크(Théâtre Optique)'를 통해 현실 세계의 기록이 아닌 움직이는 그림을 보여주었던 애니메이션의 선구자 에밀 레이노나, 필름에 기록된 현실 세계의 광경을 집단이 아닌 개인 관람용 키네토스코프를 통해 보도록 한 에디슨 등은, 뤼미에르 형제에 앞서 영화적 장치를 선보였음에도 최초의 자리에는 오르지 못한다. 하지만, 영화제작에 있어서 CGI의 사용이 보편화되고 개인용 컴퓨터나 스마트폰을 통해 무료로 다운받은 영화를 개인적으로 관람하는 일이 일상화된 오늘날, 영화의 기원이란 문제는 충분히 논란거리가 될 수 있다.

《의리적 구토》는, 정확히 말하자면 이 연쇄극에 삽입되었던 필름 단편과 그것의 영사라고 하는 사건은,《공장을 떠나는 노동자들》을 세계 최초의 영화라고 할 때 암암리에 전제되고 있는 영화의 조건들을 충족시키고 있다. 그렇다면 그것을 하나의 '한국' 영화이게끔 하는 것은 무엇인가? 조선인 제작자의 자본으로 조선인 감독이 조선인 배우들을 데리고 만든, 당시로서는 일본 국적의 이 작품을 말이다. 여기에는 이중의 순수주의가 작동하고 있다. 연쇄극이라는 불순한 형식으로부터 '영화(적인 것)'만을 정제해 냄과 동시에 식민지 조선이라는 구성물로부터 오늘날까지 이어지는 '한국(적인 것)'만을 정제해 내지 않고서는 기념의 대상으로서의 최초의 한국영화는 성립되지 않는다.

물론 이 기묘한 기원과 관련해 가장 곤혹스러운 사실은 연쇄극《의리적 구토》에 활용된 필름 자체가 전해지지 않고 있다는 점이다. 이 상황은 식민지 조선에서 제작된 영화들 대부분에 적용된다. 이것들과 관련해 우리에게 전해지는 것은 몇 장의 사진과 광고와 기사와 짤막한 논평 정도다. 이 영화들의 제작에 참여했거나 그것들을 실제로 보았던 이들은 대부분 이미 세상에 없거나 점점 사라져가는 중이다.

《의리적 구토》에 관한 광고와 기사와 논평은 형체도 없고 기억도 없는 기념비의 흔적들이다. 2007년에 기적적으로 필름이 발견되어 현존하는 최고(最古)의 한국영화 자리에 오른 후 새로이 현재적 기억을 만들어 가고 있는 안종화의《청춘의 십자로》나, 필름은 전해지지 않지만 오랜 기간 이루어진 집단적 증언과 상상과 변용에 힘입어 시퀀스-이미지로 남을 수 있었던 나운규의《아리랑》같은 사례는 식민지 시

[사진 27]

기의 영화로는 드문 예외에 속한다.《아리랑》의 촬영 현장에서 찍힌 한 장의 사진(사진 27)을 찬찬히 들여다보고 있노라면, 앞줄에 앉은 한 스태프의 머리 위 메가폰에 적힌 'Chosen Cinema'라는 글자들이 눈에 박히기 시작한다. 물론 이는《아리랑》의 제작사인 조선키네마사(社)를 가리키는 것일 터다. 그런데 비단《아리랑》만이 아닌 '조선영화'와 결부된 모든 이야기와 신화가 응축된, 지나치게 책임이 막중한 이 기념사진은 다음과 같이 속삭이고 있는 것 같다. 아무도 나를 기억하지 않을지라도 언제나 스스로 나를 기념하리라.

6

영화 없는 유토피아

나는 그저 자연 풍광을 보기 위해 어딘가로 훌쩍 여행을 떠나는 이들의 마음을 알지 못한다. 언젠가는 그들의 마음에 가닿을 것 같지도 않다. 나는 십 년 가까이 캐나다 토론토를 방문하면서도 거기서 반나절이면 다녀올 수 있는 나이아가라 폭포에는 한 번도 가본 적이 없다. 자전거를 타고 강변을 따라 매일같이 작업실과 집을 오가는 것을 즐기지만, 특수한 조건을 갖춘 자연환경에서만 제대로 만끽할 수 있는 활동들, 이를테면 등산이나 서핑 등에는 취미가 없다. 나는 숭고한 자연을 일시적으로 대하고 경탄하기보다는 소소한 자연을 일상적으로 접하며 무심해지는 편이 좋다. 전자의 자연에 대한 경험이 거의 없는 나로서는 그것을 뭐라 불러야 할지 잘 모르겠지만, 여하간 후자의 자연을 나는 산책자의 자연이라 부르고 싶다. 완전히 그것에 익숙해져서 여간해선 그것이 지각되지 않는 지경에 이르면 비로소 우리는 자연의 아주 미미한 변화도 하나의 사건으로 대하게 된다. 오늘은 이상하게 동네 천변에 깔따구들이 별로 없네, 하면서 주위를 둘러보는 식으로 말이다.

물론 성향에도 예외는 있는 법이라 내게는 오로라가 그렇다. 실제로 오로라 현상을 본 적은 없지만, 돈과 시간에 여유가 있고 기회가 닿는다면 그것을 직접 보러 극지로 여행을 떠나고 싶다고 이따금 생각한다. 해와 달과 별이 뜨고 지는 등의 역상(曆象)에서부터 혜성의 출현이나 일식과 월식에 이르는 천문 현상 일반에 대한 개인적 관심과 일맥상통하는 것이긴 하지만, 관측을 위해 먼 곳으로의 여행이 필수적이라는 점

181

에서 오로라는 이들 현상과 다르다. 직업적 관심과 관련지어 말하자면, 오로라는 자연이 제공하는 세계 최대의 몰입형 스크린에서 상영되는 장소특정적 비주얼 뮤직이자 궁극의 추상 영화처럼 여겨진다고나 할까?

2020년에 베니스영화제에서 처음 공개된《종이 새(Paper Birds)》를 여전히 기억하는 것도 거기서 보았던 오로라 때문이다. 이 동화는 오큘러스퀘스트용 VR 단편영화로 헤드마운트디스플레이를 착용하고 컨트롤러를 손에 들고 이리저리 돌아다니면서 제한적이나마 몇몇 가상적 대상을 조작할 수도 있게 설계되어 있다. 이런 조작이 작품의 진행에는 전혀 영향을 미치지 않고 플레이타임도 정해져 있지만 말이다. 이 작품을 체험 중인 관람객을 다른 사람이 보면 조심스레 더듬거리며 무언가를 찾는 맹인처럼 보일 것이다. 그런데 VR 기술은 상당한 시간과 비용을 들인 여행을 통해서만 체험할 수 있으리라고 생각했던 궁극의 장소특정적 예술을 돌연 눈먼 산책자의 코앞에 가져왔다. 관람 도중 어느 순간 가상의 밤하늘에 가상의 오로라가 아주 잠깐이나마 떠오르는 것을 보면서 '과연 굉장하구나!' 하고 속으로 감탄도 했지만, 한편으로는 소망 하나가 너무 싱겁게 이루어져 버렸다는 생각도 들었다.

언제가 될지는 알 수 없지만, 여전히 나는 오로라를 보러 극지로 향하는 날이 오기를 바란다. 그런데 문득 궁금해진다. 가상이 아닌 현실에서 보는 자연의 오로라는 정말《종이 새》의 오로라만큼 근사하게 느껴질까? 어처구니없는 물음이라고 여기는 이도 있겠지만, 여하간 실제로 오로라를 본 적이 없는 나로서는 알 수 없는 노릇이다. 온라인에서 쉽게 찾을 수 있는 오로라 이미지들은 부동산 매물 광고처럼 대개 광각렌즈를 써서 촬영해 사뭇 스펙터클하게 보인다.

실제로 보는 자연은 그림이나 사진이나 영화로 보는 것으론 상상할 수 없을 만큼 굉장하다고 말하는 소박한 체험주의자의 주장은 미심쩍기 짝이 없다. 자연이 진정 자연스러울 때 그것은 좀처럼 지각되지 않는다. 우리가 감지하지 못해도 쉼 없이 순환하는 대기나 무심히 자전을 계속하는 지구처럼 말이다. 자연이 하나의 장관으로, 심지어 숭고한 대상으로 다가온다면 이는 인간적 기준에서 볼 때 그 자연의 어딘가에 이례적인 구석이 있거나 체험을 그치고 자연으로부터 완전히 벗어나 그것을 조망하는 관찰자의 시선이 있다는 뜻이다. 극단적으로 말하자면, 미적 대상으로 향유되는 자연은 말할 것도 없고 우리가 자연으로 느끼는 자연은 종종 어딘가 부자연스럽다. 그렇다면 자연을 포착한 이미지들은 어떠한가? 자연이 근사하게 담긴 것처럼 보이는 이미지들은 실은 부자연한 무언가를 자연스러워 보이게 하는 장치들을 어떤 식으로든 운용하고 있다. 자연을 앞에 두고 누군가가 "정말 그림 같아!"라며 탄성을 내뱉는다면, 그에게는 이러한 이미지들이 자연의 자연스러움을 가늠하는 기준이 되고 있다는 뜻이다. 이처럼 원뜻에서 멀어진 이후에라야 비로소 자연은 놀랍고 굉장한 비인간적인 무엇으로 다가온다. 당연한 말이지만, 자연 스스로는 자연의 경이를 알지 못한다.

《사탄탱고》와 《토리노의 말》로 잘 알려진 헝가리 영화 감독 벨라 타르는 "실제의 비는 전혀 포토제닉하지 않다"라고 말한 적이 있다. 비 오는 날의 풍경을 한 번이라도 카메라로 담아본 경험이 있는 사람이라면 곧바로 수긍할 것이다. 아주 작은 물방울에 불과한 실제의 비는 사진으로 거의 포착되지 않는다. 그런데 비에 대한 지각에서 가장 미미한 역할을 담당하는 감각이 바로 시각이다. 하늘에서 떨어지는 빗방울이 지상의 이런저런 대상들에 부딪히며 내는 소리, 토양 속의 유기물 분자가 빗방울로 파쇄되며 방출하는 냄새, 얼굴과 살결에 스치는 비바람의 감촉이 비에 대한 지각에 훨씬 더 큰 영향을 미친다. 이런 감각들은 매우 직접적인 성격을 띠지만 시각은 그렇지 않다. 비라고 하면 우리는 종종 위에서 아래로 향하는 일련의 빗금을 떠올리는데 이런 빗금은 실제로는 존재하지 않는다. 그것은 빗방울과 우리 자신의 상대적 운동이 낳은 착시, 즉 가상에 지나지 않는다. 하지만 그림이나 사진이나 영화에서라면 상당한 부자연스러움을 감수하고라도 어떻게든 빗금 다발을 가시화하지 않으면 사람들은 그것을 비 내리는 풍경으로 받아들이지 않을 터다. 구로사와 아키라나 봉준호처럼 비에 매혹된 감독들이 그야말로 엄청난 양의 물을 퍼붓는 살수차를 기꺼이 촬영 현장으로 끌어들이곤 하는 것도 바로 이 때문이다.

포토제닉하다는 것은 부자연함을 감수하고 얻은 자연스러움을 뜻한다. 온라인에서 검색하면 숱한 예를 찾을 수 있는 '인공 자연(artificial nature)'이라 불리는 대상들에서 자연과 이미지는 하나가 된다. 하지만 이것이 비단 최근의 현상일까? 사진이 고안된 이후, 아니 그보다 거슬러 올라가 카메라 옵스쿠라가 고안된 이후, 인류는 이미지를 통해 자연의 부자연스러움을 '보정'해 자연을 보는 법에 익숙해져 왔다. 잠시 생각해 보라. 전혀 포토제닉하지 않은 자연이라면 하늘에 필적할 만한 것도 없다. 해와 달과 별, 그리고 구름과 지평선과 수평선 등이 없는 하늘은 그저 단색의 표면일 뿐이다. 말을 비롯한 동물의 움직임을 연속 촬영한 사진들로 명성을 얻기 전, 머이브리지는 단조로운 하늘을 배경으로 한 풍경사진에 감쪽같이 구름을 합성해 넣은 사진들로 관심을 끌기도 했다. 그런데 이런 합성 사진 가운데는 과테말라 케살테낭고의 화산에서 찍은 암석 무더기 한복판에 구름을 합성해 넣은 것(사진 28)처럼 노골적으로 기묘한 것도 있다. 그는 왜 이런 사진을 만들었을까? 언젠가 인간이 무리 없이 자연으로 받아들이게 될 것을 미리 보여주려 했던 것일까?

오로라를 실제로 본 일이 없는 나는 《종이 새》의 오로라가 어떤 부자연스러움을 교묘하게 감추고 있는 이미지인지 알지 못한다. 실제의 오로라는 이보다 훨씬 덜 포토제닉한 것일 수도 있고, 혹은 장관에 몰두하느라 사람들이 보지 못했던 오로라 현상 자체의 어떤 부자연스러움이 있을 수도 있다. 그러

[사진 28]

니 실제로 오로라를 보기 전에는 《종이 새》의 오로라가 '자연적' 이미지인지 '자연의' 이미지인지 정확히 판단할 수 없다. 'nature'와 'natural'의 의미론적 연관은 사실상 끊어졌다. 'artificial'과 'nature'가 아무런 모순 없이 서로 호응하면서 더는 동어반복이 아닌 'natural nature'를 지향할 수 있는 것도 바로 이 때문이다. 자연은 전혀 자연스럽지 않다. 결코 역설이라고 할 수 없는 이 명제는 현대물리학이 이미 한 세기 전에 우리에게 일러준 것이다. 그렇다면 이러한 자연을 대하는 인간적 지각과 관련된 교육학도 있을 수 있지 않을까? 이는 2016년에 세상을 떠난 이란 영화감독 압바스 키아로스타미의 유작 《24 프레임》을 보면서 떠올린 생각이다.

이 영화는 하나의 숏으로 된 24개의 삽화들로 이루어져 있다. 편의상 삽화라고는 했지만 이야기가 있는 단편이 아닌 움직이는 풍경화에 가깝다. 숏이라는 표현을 쓰기는 했지만, 브뤼헐의 유명한 그림 《눈 속의 사냥꾼》(1565)과 키아로스타미 자신이 직접 찍은 23장의 풍경사진을 바탕으로 몇몇 동적 요소들을 합성해 넣어 만든 24개의 애니메이션 클립이라고 해야 정확하겠다. 따라서 제목의 '프레임'은 '초당 프레임 수(FPS)'라고 할 때의 프레임, 즉 영화적 움직임의 환영을 만들어 내는 개개의 사진적 이미지를 뜻하는 것이 아니다. 오히려 그것은 컴퓨터 프로그램을 통해 구성된 이 숏(처럼 보이는 것), 즉 개개의 삽화 내지는 클립을 뜻한다고 봐야 한다. 어떤 이들은 이 영화가 어도비사의 제품으로 영상 작업에서 널리 쓰이는 모션 그래픽 및 합성 소프트웨어인 애프터이펙트 프로그램을 통해 제작되었을 것으로 추정한다. 영화 마지막에 이 프로그램을 실행 중인 노트북이 보인다는 게 단서라는 것이다. 그렇다면《24 프레임》은 말 그대로 탁상에서 제작된 영화, 즉 '데스크톱 시네마'인 셈이다.

그런데《24 프레임》을 이루는 '프레임'들을 차례로 보고 있노라면 어느 순간부터 다른 종류의 프레임들을 감지하게 된다. 창과 난간과 계단과 울타리 등에서부터 나무와 구름과 수평선과 지평선 등이 다양한 조합으로 만들어내는 형상들이 바로 그것이다. 그뿐이 아니다. 눈과 비, 동물과 사람 등 사진 속에 합성된 동적 요소들은 물론이고 여기에 분위기를 더하는 소리와 음악 또한 프레임 역할을 하고 있다는 느낌이 든다. 여기에 생각이 미치면 이 작품은 하나의 믿음에 따라 일관되게 구성한 유사-영화적 삽화들을 무심하게 나열하듯 제시하는 그야말로 키아로스타미다운 작품으로 다가온다. 그 믿음은 다음과 같은 것이다. 우리는 프레임 없이 자연을 지각할 수 없다. 물론 여기서의 프레임은 우리가 회화·사진·영화를 통해 습득한 액자, 경계나 가장자리, 낱낱의 이미지 등의 개념에 국한되지 않는 훨씬 확장된 것이다. 브뤼헐의 그림을 주제로 출발해서, 키아로스타미는 21세기의 우리가 새로운 프레임 개념을 모색하고 익히는 데 도움이 되는 23가지의 변주를 제시한다.

블레이크 윌리엄스 같은 평자들은 이 영화를 눈에 띄지 않는 조작을 통해 자연적 시간을 압축하는 제임스 베닝의 디지털 영화들과 비교하기도 했다. 16mm 필름 작업에 천착하다 처음으로 HD 카메라를 활용해 만든 장편《루르》에서, 베닝은 실제로는 90분 동안 이어지는 숏을 부분적으로 잘라내고 보이지 않는 디졸브로 이어붙여 60분짜리 숏으로 만들었다. 평상시에 일몰 무렵의 하늘을 오래도록 주의깊게 관찰해온 사람이 아니고서는 이 숏만 보고 하늘빛의 변화 속도가 부자연스럽다고 느끼기는 어려울 터다.《루르》는 베닝과 서로 영향을 주고받은 샤론 록하르트의《더블 타이드(Double Tide)》와 나란히 두고 보면 더욱 흥미롭다. 이 영화는 16mm 필름으로 촬영한 두 개의 숏으로만 이루어져 있는데 상영본은 디지털이다. 록하르트는 낮 동안 두 번 간조가 있는 날 한 여성이 새벽녘과 황혼녘의 바닷가에서 조개잡이 하는 광경을 각각 45분 분량의 정적인 장시간 숏으로 보여준다. 이 또한 디지털 후반 작업 과정에서 조작을 통해 실제로는 각각 90분에 이르는 시간을 압축한 것이다.

베닝과 록하르트의 조작은 어디까지나 자연에 대한 우리의 경험(여기엔 거의 변화가 없는 풍경을 지켜보는 데서 느끼는 지루함도 포함된다)을 강화하는 방식으로 이루어지며 좀처럼 감지되지 않는 효과를 겨냥한다. 하지만 그들의 작업에 늘 이런 조작이 수반되는 것도 아니어서, 이를테면 일식의 광경을 담은 베닝의《L. 코언(L. Cohen)》에는 '자연적' 변화가 아니라 '자연의' 변화가 고스란히 담겨 있다. 이와는 달리 키아로스타미의 조작은 우리가 실제로 지각하는 자연이 아니라 포토제닉한 자연의 자연스러움을 강화하는 방식으로 이루어지며 그 효과는 노골적으로 가시적이다. 그래서인지《24 프레임》의 삽화들은 분명 아름답지만 어쩐지 우스꽝스럽고, 자연의 요소들로 가득하지만 어딘가 어색하게 느껴지는 구석도 있다(사진 29). 이 기묘한 이미지들을 보고 있노라면 앞서 언급한 머이브리지의 합성 사진이 떠오르기도 한다.

이런 점을 고려하면, 키아로스타미의《24 프레임》은 베닝이나 록하르트의 영화보다는 오히려 빌 비올라의 영상 작업과 더 친연성이 있어 보인다. 이는 영화평론가 조너선 로젠봄과 공동으로 키아로스타미에 대한 저술을 내놓기도 한 이란 출신의 영화감독 메르나즈 사이드바파의 의견이다. 덧붙이자면, 비디오게임《콜 오브 듀티》를 해킹해 얻은 풍경 이미지들을 소재로 작업한 싱가포르 작가 입육유의 머시니마(machinima) 3부작—《Another Day of Depression in Kowloon》,《The Plastic Garden》, 그리고《Clouds Fall》—이나, 단일한 풍경 이미지 위에 노래 가사 텍스트만 단순하게 얹은 테일러 스위프트의 뮤직 비디오도《24 프레임》과 나란히 놓고 생각해볼 수 있다.

사이드바파가 간파한 것은 적지 않은 이들이 암암리에 부인해 온 것처럼 보이는 키아로스타미 영화의 진정 과격한 특성이다. 키아로스타미가 우리의 생활세계로 끌어들이려 하

[사진 29]

는 것은 자연적 이미지도 아니고 자연의 이미지도 아닌 이미지로서의 자연이다. 그가 만든 영화들이 세계 자체가 아니라 스크린으로서의 세계와 관계하고 있다는 점을 생각하면 여기엔 놀라울 것이 전혀 없다. 놀랍게도 그는 "예술은 리얼리티의 반영이 아니라 반영의 리얼리티"라는 고다르적 테제에 지독히 충실한 작가다. 아이재아 메디나는 키아로스타미의 작업이 "자연의 불완전성"을 강조하고 있으며 이를 통해 우리로 하여금 새로운 자연에 걸맞은 보기와 듣기의 양식을 습득하게 한다고 주장한다. 우리는 언제나 저 자연에 눈감은 채로 이 자연을 더듬는다. 키아로스타미가 제공하는 지각의 교육학에는 잃어버린 자연에 대한 노스탤지어도 없고 멜랑콜리아도 없다. 사실 우리는 저 자연을 가져본 적도 없으니 말이다.

어떤 의미에서든 사진작가 김신욱은 결코 영화작가라고는 할 수 없다. 그런데 종종 그의 작업에는 자못 영화적인 것이 기이할 정도로 넘쳐난다. 확실히 그는 어딘가 영화적인 특성을 띠고 있는 대상에 은근히 끌리곤 하는 사람이다. 하지만 그는 영화를 통해 이런저런 세계를 들여다보기보다 이미 영화적으로 배치된 세계에 자신의 카메라를 가져가는 편을 선호한다. 물론 그러한 세계를 드나드는 동안 기록물과 기념품 등속을 모으는 일도 게을리하지 않으면서 말이다.

코로나 팬데믹이 시작되기 직전인 2019년 11월, 나는 영국 런던의 히드로공항 입국장 로비에서 그를 처음 만났다. 무척이나 유쾌했던 그 만남에 관한 이야기를 나는 일종의 편지 같은 글에 담아 《보스토크》에 기고하기도 했다. 다음은 이 글을 약간 수정해서 옮긴 것이다.

*

이곳—그렇다, 잡지는 하나의 장소이다—에 글을 쓰면서 잡지가 나올 무렵 갓 개봉해 시중의 극장에서 상영되고 있는 영화를 다룬 적은 없다. 아무래도 영화 전문지가 아닌 사진 전문지에 2개월에 한 번씩 실리는 글이라는 점을 고려하지 않을 수 없었다. 그래서 시의성을 살려 극장에서 상영 중인 영화에 집착하기보다는 이 칼럼을 읽고 나서 DVD나 블루레이, 온라인 스트리밍 서비스나 IPTV 등을 이용해 찾아볼 수 있는 과거와 현재의 영화들 가운데 글감을 고르곤 했다. 말하자면 이 장소는 영화계에서 진행 중인 최신의 흐름과 경향을 부지런히 따라잡아야 한다는 의무로부터 나를 간단히 면제—문자 그대로 'duty-free'—시켜 주는 곳이다.

코로나바이러스 사태가 오래 이어질 조짐을 보이기 시작하고 한동안 극장에서도 이렇다 할 신작 영화가 개봉되지 않는 상황이 이어졌다. 그러다 보니 이전과 같은 방식으로 글감을 찾아 쓰는 일을 망설이게 되었다. 요즘 영화 관람은 어차피 대부분 집에서 이루어지고 있고 이를 위한 추천작 가이드도 여기저기 넘쳐나는 마당에 굳이 거기에 하나 더 보탤 필요가 있겠는가 하는 생각이 든 것이다. 이런 시기에 떠올릴 수 있는 가장 열없는 주제는 단연 '팬데믹 시대의 이미지' 같은 것이겠지만, 한편으론 이런 주제를 굳이 피해서 말한다는 것도 어색하게 느껴진다.

브뤼노 라투르가 지적하듯, 사실 우리가 무언가의 특성을 가장 잘 깨닫게 되는 것은 그것이 제대로 작동하지 않을 때다. 어떤 장치나 제도의 오작동이나 기능 부전은 그것이 어떻게 구성되어 있으며 구성 요소들 가운데 어떤 것이 필수적이고 어떤 것이 부수적인지를 살피게 만든다. 예컨대, 코로나바이러스 사태로 올해(2020년) 취소된 칸영화제는 초청작 목록만을 정리해 공식 발표했는데, 이로써 필수적 요소만 두고 보면 칸영화제의 기능과 역할이 소고기 등급 시스템의 그것과 별반 다르지 않다는 진실을 지나치게 솔직하게 밝혀 버렸다. 여하간 창작자에게나 관람자에게나 예전과 같은 방식으로 영화에 접근하는 일이 더 이상 가능하지 않은 지금과 같은 시기야말로, 우리가 영화라고 부르는 것이 과연 어떤 장치 또는 제도인지를 재고하기에 적기일 수도 있다.

대개 영화라고 하면 우리가 떠올리는 것은, 카메라로 사람이나 사물이나 풍경을 촬영하고, 마이크로 소리를 녹음하고, 이렇게 해서 얻은 것들을 재료로 일정 시간 동안 영사하거나 재생할 수 있는 작품을 만들고, 그것을 여럿이 한자리에 모여 관람하거나 홀로 감상하는 일이다. 그런데 정말 영화라는 것은 카메라, 마이크, 영사 및 재생 장치, 스크린이나 모니터, 영화관 같은 요소들의 총합으로만 이루어지는 것일까? 가령, 파블레 레비 같은 이는 2012년에 내놓은 책에서 다양한 역사적 사례들을 검토하며 다른 방식의 영화 혹은 "다른 수단을 통한 영화(cinema by other means)"의 가능성을 타진해 보기도 했다.

여느 다른 이들과 마찬가지로 나 또한 지난 몇 달 동안 주로 집에서 영화를 보고 있었는데, 문득 그동안 영화의 주변에서 배회하다 마주치곤 했던 다른 방식의 영화들에 대한 기억을 떠올려 보게 되었다. 어쩌면 선뜻 영화라 부르기는 어려울 수도 있지만 우리가 익히 알고 있는 영화들과 다를 바 없이 영화의 가능성에 맞닿아 있는 그런 것들, 하지만 이름 붙이기 힘든 무엇들. 그러고 보니 영화 보기란 조용히 앉아서 기억 흔적을 다시 더듬는 일로부터 시작되는 것이다. 설령 그것이 나의 기억은 아니라 해도, 아니, 오히려 그렇기에 모종의 기대와 흥분을 품고 환대할 수 있을지도.

십여 년 전, 필리핀에서 열리는 시네마닐라영화제 경쟁부문의 심사위원을 맡아 마닐라를 방문했을 때다. 다른 부문의 심사를 맡은 젊은 태국 영화평론가와 점심을 함께 먹고 거리 구경을 하고 있었다. 그는 거리를 걷다가도 그림엽서를 파는 작은 상점들이 나타나면 그때마다 엽서를 한두 장씩 사서 가방에 넣고는 했다. 정말 의아하게 보인 것은 그가 엽서를 고르는 태도였다. 그의 몸짓은 무언가 맘에 드는 엽서를 찾고 있다기보다 매대를 단숨에 쓱 훑어보고는 곧바로 눈에 들어오는 엽서를 잽싸게 집어 드는 것처럼 보였다. 그것은 수집가보다는 배달원의 몸짓처럼 보였다. 분명 그는 엽서를 사 모으는 중이었는데도 말이다.

얼마 지나지 않아 그런 인상을 받은 이유를 알게 되었다. 한참 거리를 걷다가 우체국이 나타나자 그는 잠깐 들러 가자며 내게 양해를 구했다. 우체국에 들어서자 그는 조금 전까지 사 모은 그림엽서들을 꺼내어 테이블 위에 펼쳐 놓았다. 그리고 작은 수첩을 꺼내어 거기 적혀 있는 주소들을 엽서에 빠르게 옮겨 적기 시작했다. 물론 간단한 안부 인사를 적는 것도 잊지 않았다. 어떤 이들에게 보내는 것이냐고 물었더니 방콕에 있는 친한 친구들에게 보내는 것이라고 했다. 이틀 후면 자기는 방콕으로 돌아갈 터이고 이내 친구들을 만나게 되겠지만 엽서는 제법 시간이 지난 후에 친구들에게 도착할 것이라면서, 자신을 들뜨게 만드는 것은 바로 이런 시차라는 말을 덧붙였다. 그리곤 갖고 있던 엽서 가운데 두 장을 내게 주면서 귀국하면 곧 만나게 될 한국의 친구들에게 보내라고 권유했다.

하지만 내게는 지인들의 주소를 적은 수첩 같은 것이 없었다. 마땅히 엽서를 보낼 곳도 떠오르지 않았다. 나는 그가 준 엽서들을 누구에게도 보내지 않았고 여전히 간직하고 있다. 그중 하나에는 120여 년 전 필리핀 어부의 모습이 담긴 흑백사진이, 다른 하나에는 필리핀의 대중교통 수단 중 하나인 지프니 위에 올라탄 사람들의 모습이 담긴 컬러사진이 있다.

엽서 하단에 조그맣게 적힌 정보를 보고 이제야 알게 된 것인데 원래 컬러사진이 아니라 흑백사진에 수작업으로 색을 입힌 것이다. 로저 밀러의 노래에서 제목을 빌린 듯한 '길의 왕(King of the Road)'—빔 벤더스의 《시간의 흐름 속에서》의 영어 제목이기도 한—이라는 전시에서 필립 지라르도가 선보인 사진이다.

십여 년 전이라고는 하지만 여행 중에 그림엽서를 사서 지인들에게 보내는 취미는 이미 그때도 꽤 예스럽게 비치는 것이었다. 영화관에서 영화를 보는 일도 조만간 그렇게 비치게 될까? 어쨌거나 시차를 그 존재 조건으로 삼는 인상주의적 편지라고 해도 좋을 엽서를 고르고 보내는 과정에서 그 젊은 평론가는 영화 비슷한 무언가를 수행하고 있었다. 그가 엽서를 고르고 보내는 과정을 다시 떠올려 본다. 주의 깊게 고르기보다는 순간적인 감흥에 따른 듯 짐짓 무심하게, 그러면서도 자못 신속하게 엽서를 집어 드는 그의 몸짓은 스냅 사진을 찍는 이의 그것과 닮아 보인다. 영화는 분명 사진과 함께 이러한 인상주의적 역량을 물려받았다. 하지만 사진과 마찬가지로 현상이라는 절차를 반드시 거쳐야 했던 까닭에, 이미지의 포착과 이미지의 감상 사이에 시차가 생기는 일을 피할 수 없었다. 뷰파인더(포착)와 디스플레이(감상)가 일체화되어 시차를 소거해 버리는 기기를 흔히 찾아볼 수 있게 된 지금에도, '라이브 시네마' 같은 용어가 내겐 어쩐지 어색하게 느껴지는 것은 바로 이 때문일 터다.

다른 하나는 작년 11월에 영국에서 겪은 일이다. 나는 런던한국영화제 기간에 영국 관객들을 대상으로 1980년대의 한국독립영화에 관한 강연을 하게 되었다. 아내와 함께 히드로공항에 도착해 휴대 전화를 확인해 보니 김신욱 작가라는 분—《보스토크》의 성실한 독자라면 내가 작가의 이름 뒤에 '라는'을 덧붙인 것을 보고 분명 실소를 금치 못할 것이다— 이 픽업 나오실 거라는 문자 메시지가 와 있었다. 마침 공항 주변의 교통이 원활하지 않아 조금 늦게 도착하기는 했지만, 우리는 결국 약속한 곳에서 그를 만나 그가 운전하는 차를 타고 숙소로 향했다.

공항을 빠져나와 고속도로로 접어들 무렵, 운전 중인 그에게 "작가라는 말씀을 들었는데 어떤 작업을 하시는지요?"라고 물었다. (성실한 독자라면 이쯤에서 폭소를 터뜨릴 것이다.) 의례적인 물음이라 생각했던지 그는 사진 작업을 하고 있다고 짧게 대답했다. 이런 유의 대화는 대개 이쯤에서 "아, 그렇군요"라는 말과 함께 점점 사그라들기 마련이다. 하지만 우리의 질문은 계속되었고 다행히도 그의 답변 또한 점점 상세해지기 시작했다. 그는 한국에서 예술대학을 졸업한 후에 사진 공부를 계속하기 위해 영국에 왔다. 어쩌다 보니 여행객들을 픽업해 차량으로 공항과 시내를 오가는 일을 주업에 가까운 부업으로 삼게 되어버렸는데 이게 벌써 10년이 다 되어간다는 것이었다. 그 사이에 런던과 히드로 공항을 오간 것만 3,000번이 넘는다고도 했다.

조금씩 대화에 흥이 오르면서 그는 자신의 사진 작업에 대해서도 이것저것 들려주기 시작했다. 빈번히 공항을 오가다 보니 공항 주변의 장소들과 그곳의 사람들에게도 관심을 두게 되었고 이는 결국 사진 작업으로 이어졌다고 했다. 특히, 공항 주변에서 비행기가 이착륙하는 광경을 관찰하고 기록하는 취미를 지닌 마니아들인 '플레인스포터(planespotter)'들에 대한 이야기는 무척이나 흥미로웠다. 그는 공항 작업의 결과물로 최근에 한국에서 두 차례 개인전을 열었다면서 전시를 준비하며 만든 소책자 하나와 전시 리플릿을 선물로 주기도 했다. 'Unnamed Land: Air Port City'라는 제목으로 열린 서울의 개인전에서 선보인 몇몇 사진들이 《보스토크》라는 잡지에 소개되기도 했다면서 말이다.

"《보스토크》요?"
"네, 사진잡지인데, 혹시 아세요?"

그러니까, 잡지라는 장소는 이런 것이다. 김신욱의 공항 연작 사진들은 이 잡지 9호를 통해 소개되었다. 같은 호에서 나는 구로사와 기요시가 2016년에 발표한, 그다지 관심을 끌지는 못한 공포영화 한 편을 두고 '식물성의 유혹'에 대해 썼다. 하지만 우리는 공항을 통과해가는 여행객들처럼 서로에 대해 몰랐고, 서로의 작품과 글에 대해 알지 못했다. 심지어 우리 둘은 14호에서 다시 한번 서로를 스쳐 지나갔다. 이 잡지를 만드는 편집진의 입장에서는 뭐 이런 불량한 작자들이 다 있는 가 하고 서운한 마음이 들 법도 하다.

김신욱 작가에게 받은 전시 소책자에는 이영준 선생이 '공항비평가'라는 직함으로 쓴 글—제목은 '기껏 영국까지 가서 공항 주변만 맴돌다 왔다'이다—이 실려 있었다. 나는 이 글을 읽다가 과거의 김포공항에는 송영대라는 게 있었다는 것을 처음 알게 되었다. 이는 계류장과 활주로를 향해 열려 있는 공항 2층의 야외 발코니로, 배웅하는 이들이 비행기가 떠나는 광경을 볼 수 있게끔 배려한 유료 시설이었다. 아하! 그동안 우리말로 종종 '환송대'라고 번역해 온, 크리스 마커의 단편영화에 나오는 공항의 '라쥬테(la jetée)'도 바로 이런 것이었겠구나. 생김새만 놓고 보면 발코니 형태를 띤 김포공항의 송영대와 방파제 형태를 띤 오를리공항의 라쥬테는 전혀 다르지만 말이다. 여하간 그저 배웅하고 보내는 곳이라는 뜻만 지닌 환송대보다는 맞이하는 곳이라는 뜻도 함께 지닌 송영대 쪽이 훨씬 멋스럽게 들린다.

이제는 전 세계 어느 공항에도 송영대 같은 시설은 없다. 가족이나 지인들이 해외로 떠나는 것이 대수롭지 않은 일이 되어서일까? 배웅이나 마중을 나가도 기껏해야 공항 내 출국장이나 입국장을 들르는 것이 전부다. 그런데 주말이면 공항 인근의 언덕이나 풀밭에 자리를 잡고, 자신과는 아무런 관련도 없는 이들이 타고 있을 비행기들이 오고 가는 것을 하염없이 바라보고 기록하고 사진을 찍는 이들이 있다. 이들을 '플레인스포터'라 부르지 말고 '송영꾼'이라 불러 보자. 김신욱의 몇몇 공항 사진들에는 이런 송영꾼들의 모습이 담겨 있다. 그들은 일정한 주기를 두고 모종의 움직임이 반복적으로 펼쳐지는 허공에, 그 이름 없는 장소에 매혹된 이들이다. 스크린 또한 이러한 장소다. 이름 없는 공항이나 영화관은 있을 수 없겠지만, 허공이나 스크린에 이름을 붙인다면 우스꽝스러운 일이리라. 이런 장소에 오롯이 매혹되기 위해서는 거기서 오고 가는 무언가를 본다는 행위 자체의 완벽한 무용성을, 그 쓸모없음을 사랑할 줄 알아야 한다.

일정을 마치고 귀국하기 위해 히드로공항으로 향할 때도 김신욱 작가가 아내와 나를 데려다주었다. 공항으로 가는 길에 들은 바에 따르면, 최근에 그는 괴물이 나타난다는 소문으로 유명한 네스호 인근에서 사진 작업을 하고 있으며 이탈리아의 밀라노에서 전시를 열 예정이라고 했다. 서울에서도 전시를 열 계획이라 준비를 위해 2020년 초에 한국에 들어올 예정이라 했다. 우리는 서울에 오면 꼭 연락하라고 했고 그는 그러마고 약속했다. 하지만 코로나바이러스 사태로 일정이 조정되었는지 여태까지 전시가 열렸다는 소식은 듣지 못했고, 그 이후로 연락을 주고받은 일도 없다.

연락하라는 것은 빈말이 아니었어요, 라는 말은 어떻게 해야 빈말이 아닐 수 있을까? 잠시 생각해 본 후에, 오래전 젊은 태국 평론가에게 받은 두 장의 엽서를 꺼내고, 이것들을 김신욱 작가에게 받은 전시 소책자 표지 위에 얹어 스캔하고(사

201

진 30), 엽서에 적기에는 조금 길다 싶은 편지 비슷한 글을 써서, 이렇게 태연자약하게 《보스토크》에 실어 보내는 것이다.

*

그와 처음 만나 이야기를 나누었던 때로부터 꼬박 일 년이 지나 김신욱은 서울의 아마도예술공간에서 네스호의 괴물을 주제로 한 개인전을 열었다. 그 사이에 코로나바이러스가 전 세계를 휩쓸었고 우리의 삶과 예술을 둘러싼 상황들이 급격히 바뀌었으며 김신욱 또한 영국에서의 오랜 생활을 정리하고 한국으로 돌아왔다. 인간적 감각으로 지각 불가능하기는 어느 쪽이나 마찬가지지만, 매일같이 세계 곳곳에서 검출되는 초미세 바이러스로 살풍경해진 시기에 여지껏 어떤 장비로도 탐지된 적이 없는 거대 괴물에 관한 전시를 보러 가는 일은 묘하게 도착적으로 느껴졌다. 여기서 도착적이라는 건 영화적이라는 뜻이다. 꼭 집어 말할 수는 없어도 어딘지 찜찜하고 무언가 떳떳하지 못하다는 느낌, 금지된 것도 아니지만 승인된 것도 아닌 무엇을 하고 있다는 느낌이 없다면 영화적 체험은 가능하지 않다.

김신욱이 바로 이런 느낌을 통해 네스호의 괴물이라는 미스터리적 대상에 접근하고 있음은 개략적인 소주제에 따라 여러 구획으로 나눈 전시장의 한 공간에서 특히 잘 드러났다. 아마도예술공간 지상층 입구 왼편에 있는 이 공간은 원래 화

[사진 30]

장실이나 욕실로 쓰이던 곳을 개조한 듯한 느낌이다. 이 공간에 들어서면 우리는 한 중년 남자의 사진과 네스호의 괴물을 본뜬 듯한 작은 모형들이 있는 전시대의 사진을 보게 된다. 사진 속 남자는 괴물을 직접 보겠다는 꿈을 지니고 1991년부터 현재까지 30년이 넘게 네스호를 관찰하고 있는 스티브 펠섬이란 인물이며, 괴물 모형들은 관광객들에게 판매할 요량으로 그가 직접 점토로 빚어 만든 것이다. 그의 홈페이지에서 펠섬은 네시를 찾는 일에 어떻게 빠져들게 되었는지 밝히고 있다. 그의 이야기를 읽다 보면 우리는 영화 장치의 물리적 구성 자체가 유년의 상상계를 사로잡는 생생한 사례를 접하게 된다.

> 내가 일곱 살이었을 때 가족 휴가를 왔던 1970년 이래로 줄곧 나는 네스호의 괴물이라는 이 대상에 매혹되었다. 네스호 탐사국을 방문한 것도 그때였는데 자원자들로 구성된 이 팀은 매년 여름마다 어커트성 근처의 호숫가에 임시 캠프를 만들고는 네시를 촬영하겠다는 바람으로 24시간 감시장비를 거기에 설치했다. 진정 나의 상상력을 사로잡았던 것은 그들이 영화 촬영용 카메라와 삼각대를 올려놓는 거치대였다. 분명 렌즈 크기만도 1미터는 되었다. 다 큰 어른들이 괴물을 찾는다고? 굉장한데!

펠섬의 이야기는 어린 나이에 일찍 영화의 매혹에 사로잡힌 조숙한 영화광들의 회고와 별반 다르지 않다. 이를테면 10대

초반부터 8mm 카메라로 단편영화를 만들기 시작했다는 스티븐 스필버그의 이야기 같은 것 말이다. 최근 스필버그는 이런 자신의 경험을 토대로 한 자전적 영화인《파벨만스》를 내놓기도 했다. 그런데 펠섬의 눈길을 끈 것은 촬영용 장비들이지만 그의 상상력이 걷잡을 수 없이 증폭된 것은 어른들이 괴물을 찾는다는 진기한 상황, 즉 성인들이 아이 같은 환상을 거대한 규모로 어딘가에 투사하거나 투영하는 상황—이의 가장 스펙터클한 실례는 지난 세기에 미국항공우주국(NASA)으로 대표되었던 우주 탐사이겠지만(사진 31)—을 목격했기 때문이다. 영화 장치에서라면 이러한 투사나 투영이 펼쳐지는 곳은 스크린이겠지만 그렇지 않은 경우라면 꼭 스크린에 국한될 필요는 없다. 그리고 김신욱의 관심은 종종 후자의 경우로 향한다. 플레인스포터들에게는 이따금 비행기들이 가로지르는 허공이, 펠섬과 같은 네시 헌터들에게는 그 수면 아래 무수한 이들의 바람을 품고 있는 네스호야말로 지극히 영화적인 스크린이다.

펠섬의 사진이 전시된 공간에는 선물 가게를 찍은 사진과 더불어 김신욱이 직접 수집한 이런저런 네시 모형들 몇몇도 함께 놓여 있었다. 무엇보다 이 물건들은 관광지로서 네스호를 떠올리게 하는 기념품이기도 하지만, 한편으로는 연관 상품의 개발과 판매를 영화 마케팅의 핵심으로 삼은 첫 사례였던《죠스》를 떠올리게 하는 알레고리적 형상이기도 하다. 다만, 김신욱의 관심을 끄는 저 상상적 영화관은 철저하게 장

[사진 31]

우주 탐사 홍보용으로 제작한 일러스트레이션 모음집

『NASA 예술』의 확장판 표지

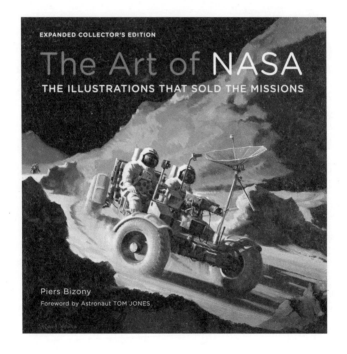

소 특정적이고 거기에 투사되거나 투영되는 환상들은 통상적인 영화와는 달리 근본적으로 비가시적이며 복제 불가능하기 때문에 글로벌한 '네시 산업'이라 할 만한 것은 여태까지 형성된 적이 없다. 잘 알려져 있다시피, 스필버그의 《죠스》는 오늘날의 우리를 여전히 둘러싸고 있는 문화 산업의 동시대적 모델을 제시한 작품이다. 한 편의 영화가 스크린이라는 경계를 넘어 서적, 음반, 의류, 게임, 장난감 그리고 장신구 산업까지 확장되어 복합체를 이루게 되는 것 말이다. 김신욱이 네스호 인근에서 촬영한 사진들을 보고 있노라면 비단 펠섬의 모형만이 아니라 네스호와 그 인근으로 구성된 장소 전체가 오늘날의 영화화된 세계에 대한 알레고리일 수 있다는 생각도 든다. 자선사업의 일환으로 네스호에서 개최된 한 수영대회의 포스터가 《죠스》의 그것을 차용해 디자인되었다는 사실(사진 32)은 흔한 패러디 문화의 사례로만 치부할 일이 아니다.

　　네스호에 투사되거나 투영되는 저 환상은 무척이나 실재적이기도 하다. 그것은 단순한 망상이 아니다. 아마도예술공간 외부의 독립된 작은 공간에 들어서는 관람객은 네스호 위로 드리워진 무지개를 찍은 풍경사진을 곧바로 마주하게 된다. 그 좌측에는 호수 한가운데 있는 작은 섬을 찍은 사진이 보인다. 체리아일랜드라는 이름의 이 섬은 네스호의 유일한 섬이지만 실은 고대에 인공적으로 조성된 것이다. 환영적인 것과 실재적인 것의 경계에서 떠오르는 무지개, 그리고 인공적인 것과 자연적인 것의 경계에서 조성된 체리아일랜드에는

[사진 32]

김신욱의 관심을 끄는 대상들의 영화적 성격이 압축되어 있다. 오랜 영국 생활을 정리하고 귀국한 그의 관심을 사로잡았던, 더는 존재하지 않는(다고 간주되는) 한국 호랑이 역시 이러한 대상에 속한다는 점은 두말할 필요도 없겠다.

네스호의 괴물에 대한 전설은 중세 때부터 있었지만 그것이 오늘날 우리에게 익숙한 사진들이나 목격담과 함께 퍼지기 시작한 것은 1930년대부터라고 한다. 그런데, 앞에서 머이브리지의 사례를 통해 살펴보았듯 사진을 합성하는 기술은 19세기 중반 무렵부터 이미 전문적인 사진사들 사이에 널리 퍼져 있었고, 비교적 사용이 편리한 건판과 필름이 보편화된 것도 20세기 초임을 고려하면, (이제는 조작임이 밝혀진) 네시의 사진이 1934년에야 나왔다는 것은 늦어도 한참 늦었다는 생각이 든다. 이에 대한 의문이 풀린 것은 김신욱에게 다음과 같은 이야기를 듣고 나서다. 1933년에 글래스고에서 포트윌리엄을 통해 인버네스로 이어지는 스코틀랜드의 주요 도로 가운데 하나인 A82 도로가 개통되었는데, 이 도로가 네스호를 따라 이어져 있어 사람들이 자동차로 호수에 접근할 수 있게 되었고, 바로 그때부터 네시 목격담이 눈에 띄게 증가했다는 것이다.

네스호의 괴물 같은 현대적인 전설의 특징은 그것이 검증이나 반증의 충동을 불러일으킨다는 데 있다. 하지만 이 충동은 그저 사진의 증거 능력만으로는 촉발되지 않는다. 사실 사진의 증거 능력은 사진과 결부된 진술들의 힘을 얼마간 빌리지 않으면 종종 미심쩍은 것이 된다. 이는 사진의 증거 능력을 극대화하고자 했던 베르티옹 같은 이를 곤혹스럽게 했던 문제다. 증언과 더불어 사진이 촬영된 장소로의 접근 가능성 또한 중요하다. 증언자의 수와 증언들끼리의 동일성도 중요하지만, 증언하는 이들이 실제로 그 장소에 있을 수 있었는지 여부는 증언의 신뢰도와 직결되어 있다. 어떤 장소와 결부된 현대적인 전설이 교통수단의 발달과 나란히 전개되는 것은 아마 그 때문일 것이다. 김신욱은 이런 점을 놓치지 않는다. 그가 관심을 두는 것은 네스호의 괴물과 관련해서 사람들이 보여주는 기이한 행태들을 관찰하고 고발하는 것이 아니라 스코틀랜드 오지의 한 장소를 둘러싼 문화가 우리의 세기를 작동시키는 기제들과 얼마나 밀접하게 얽혀 있는지를 보여주는 것이기 때문이다. 그 세기가 20세기인지, 20세기에 불과한 21세기인지, 20세기를 매달고 있는 21세기인지는 따져볼 문제이겠지만 말이다.

현대적인 전설과 교통수단의 관계를 가장 잘 보여주는 예는 다름 아닌 미국의 특정 지역에 대한 지시어이길 넘어서 고유명사화된 서부다. 이와 관련된 숱한 대중적 상상들은 19세기와 20세기의, 그리고 심지어 오늘날의 여러 시각 이미지들까지 가로지르고 있다. 이처럼 서부가 서부로서 정립되는 데는 사진이라는 매체와 열차라는 교통수단과 대중소설이라는 이야기체의 만남이 필수적이었다. 물론 그 만남의 결실을 한껏 극대화하고 증폭시킨 것은 역시 영화였다. 하지만 네스호의 괴물은 서부극에 필적하는 장르를 성립시키지 못했고 독일 감독 베르너 헤어조크가 출연하는 B급 영화 풍의 모큐멘터리《네스호 사건(Incident at Loch Ness)》등을 통해 알레고리적 존재감을 드러낼 뿐이다. 김신욱이 이 영화에서 발췌한 영상 클립의 일부가 아마도예술공간 한쪽에서 디스플레이되고 있었다.

아마도예술공간 지하층으로 내려가니 지상층에 있을 때와는 사뭇 느낌이 달라졌다. 지하층에서 둘러보고 있노라니 지상층의 한 구획에서 보았던, 서로 마주하고 있던 두 개의 사진이 떠올랐다. 하나는 네스호 인근의 산정 너머로 뜬 쌍무지개를 찍은 사진이다. 다른 하나는 어느 보트 조종석에 있는 두 개의 작은 모니터들을 찍은 사진이다. 모니터 가운데 하나는 '226'이라는 숫자를 표시하고 있다. 네스호의 최고 수심은 227미터인데 이 사진은 바로 그 인근을 지날 때 찍은 것이다. 그러니까 여기서는 측정 그리고 검증과 반증이라는 과학적 충동이 무지개가 불러일으키는 환상과 마주하고 있는 셈이다. 하지만 이 영화적 대비의 효과를 본격적으로 감지하게 된 것은 지하층으로 내려간 이후부터였다.

지하층 또한 느슨한 주제별 분류를 따라 몇 개의 구획들로 나뉘어 있었는데, 이 구획 전체를 가로지르는 중심적 요소가 있다면 바로 에이드리언 샤인이라는 인물이었다. 그는 현대적인 전설이 촉발하는 충동에 온전히 삶을 내맡겨버린 인물이다. 펠섬의 바람이 어디까지나 네시를 목격하는 일에 향해 있다면 샤인의 그것은 무엇보다 네시의 존재를 검증하는 일에 온통 쏠려 있다. 개인 연구자인 샤인은 그동안 네스호에 관심이 있는 천여 명 이상의 사람들을 이끌고 탐험에 참여하고 여러 자원자들을 인솔하여 네스호와 관련된 데이터를 수집해 왔다고 한다. 김신욱의 사진은 특별히 그를 기인으로 바라보거나 조롱하는 기색 없이 여느 연구자들과 다를 바 없는 외양의 인물로 보여준다. 그와 관련된 전시물들도 흠잡을 데 없이 단정하다. 즉 그는 여느 공상과학 영화에서 흔히 보이는 미친 과학자 유형의 인물과는 대척점에 있다. 한데 얄궂게도 영화는 이상한 방식으로 네스호의 괴물과 조우하고 그의 삶에 침범한다. 그러면서 그의 삶 전체를 희화화해 버린다.

영화감독 빌리 와일더가 《셜록 홈즈의 사생활》을 제작 중이던 1969년의 일이다. 이 영화에서 홈즈 일행은 네스호의 괴물을 보게 되는데 이는 실제 괴물이 아니라 영국 해군이 비밀리에 제작 중이던 잠수함을 위장한 것임이 나중에 밝혀진다. 와일더의 영화를 위해 이 괴물을 디자인한 이는 《2001: 스페이스 오디세이》의 우주선 디자인 등에 참여한 특수효과 전문가 윌리 비버스였다. 촬영 테스트 도중 와일더는 괴물의 머리에 난 혹들이 보기 싫으니 떼어내라고 지시하는데 사실 그 혹들은 공기 유출을 막는 마개 역할도 하는 것이었다. 와일더의 잘못된 지시로 인해 결국 비버스가 만든 모형은 네스호 아래로 가라앉고 만다. 그로부터 약 반세기 정도가 지난 2016년, 네스호 탐사용 수중 로봇이 거대한 크기의 괴생명체를 발

견했다는 뉴스가 사람들의 흥미를 끈다. 하지만 조사 결과 이는《셜록 홈즈의 사생활》촬영 당시 비버스가 제작한 네시 모형이었음이 밝혀진다. 이 모형을 발견한 이가 바로 에이드리언 샤인이었다.

지하층에서는 네스호 프로젝트를 진행하며 김신욱이 원본을 수집한 사진과 기사들을 비롯한 여러 자료가 전시되고 있었다. 일상적인 것들도 있고 불의의 사고와 관련된 것들도 있지만 실소를 불러일으킬 법한 내용을 담고 있는 것들도 적지 않았다. 예컨대, 네스호의 괴물이 도널드 트럼프에게 팔렸다는 소식을 헤드라인으로 내세운 한 싸구려 잡지의 기사 같은 것 말이다. 호수 바닥으로 가라앉은 비버스의 모형에 대한 1969년의 짧은 기사와 사진도 있었다. 그렇지만 김신욱은 소재의 우스꽝스러움을 내세우면서 희희낙락거리는 법이 없다. 그보다는 이 잡다하고 통속적인 수집물들을 통해 환상을 물질화하고 싶어한다. 혹은 네스호의 괴물이 지극히 물질적인 환상임을 보여주려 한다. 이럴 때면 그는 벤야민이 묘사한 수집가로서의 역사가의 모습과 얼마간 닮은 것도 같다. 달리 말하자면, 유물론적 수집가이자 역사가이길 꿈꾸는 도미에적인 노력이 사진작가로서 김신욱을 특징짓는다고 해도 좋겠다. 그 꿈은 언제나 자연적인 인공섬 주변에서 맴돈다(사진 33). 이렇게 사진은 영화에 깃든다.

나가며, 들어가며

2023년 1월 5일에 95세를 일기로 타계한 마이클 스노우는 영화사적 정전의 자리에 오른 실험영화《파장》으로 잘 알려진 예술가다.《파장》은 창가의 벽에 붙은 한 장의 사진을 향해 극도로 느리고 냉혹하게 45분 동안 줌-인(zoom-in)으로 다가가는 영화다. 그런데 영화와 사진, 회화와 조각, 그리고 음악과 사운드 등 여러 영역을 넘나들며 작업해 온 그를 영화작가라고만 규정하기는 곤란하다. 스노우 자신이 "나의 그림은 영화작가의 작품이고, 조각은 음악가의, 영화는 화가의, 음악은 영화작가의, 회화는 조각가의, 조각은 영화작가의, 영화는 음악가의, 음악은 조각가의" 작품이라고 어지럽게 말할 정도였으니 말이다.

특히 1970년대에 그는 '예술작품으로서의 책'이라 할 아티스트 북 제작에 상당한 관심을 기울였다. 이 시기는 '아르테 포베라'라는 용어를 제안하고 정착시킨 이탈리아 큐레이터 제르마노 첼란트(2020년에 코로나19 합병증으로 세상을 떠났다)가 나이젤 그린우드 갤러리에서의 전시와 더불어 선구적인 도록『예술작품으로서의 책, 1960~1972』을 펴내기도 했던 무렵이다. 책이라는 물질 및 책에 대한 관념 모두를 예측 불허의 방식으로 풀어헤치고 또 재조합하는 스노우의 시도들

이 온전히 구현된 작품으로 꼽히는『표지에서 표지로』가 출간
된 것은 1975년으로, 그때까지 그는 이미 세 권의 아티스트
북을 제작하면서 몇몇 아이디어들을 시험해 본 참이었다. 스
노우 자신은 이것을 조각 작품으로도 간주하는데, 누군가 이
책의 내용이 무엇이냐고 묻는다면 이 책의 물성이야말로 곧
내용이라고 말할 수밖에 없다. 만지고 보고 펼치고 뒤집는 등
등의 행위를 통해 감각하게 되는 책 자체의 물성 말이다.

　하지만 이런 유의 책은 한정 수량만 제작되어 판매가 끝
나고 나면 좀처럼 구하기 어렵고 공공 도서관 등에도 잘 비치
되지 않기 마련이라 시간이 지날수록 점점 접할 기회가 드물
어지게 된다. 그래서인지 스노우의 책 작업은 잘 알려지지 않
았고『표지에서 표지로』또한 예외는 아니었다. 그런데 코로
나 팬데믹이 한창이던 2020년 가을, 이 전설적인 책이 2,500
부 한정판으로 다시 출간되었다는 소식을 접하게 되었다. 초
판본은 절판된 지 오래인 희귀본이라 1,000달러 넘는 중고가
에 거래되기도 했었는데 복간본은 국내의 온라인 서점을 통해
서도 30달러 정도에 구입할 수 있다는 점이 무엇보다 매력적
이었다.

　복간된『표지에서 표지로』는 앞표지부터 뒤표지까지
총 320페이지로 이루어져 있다(사진 34). 책등에는 제목
('COVER TO COVER')과 이름('Michael Snow')과 출판사
('LI PI')'만 단출하게 인쇄되어 있으며 표지에는 아무런 글자
나 기호도 없다. 이 책의 '이야기'는 텍스트의 도움 없이 오롯

[사진 34]

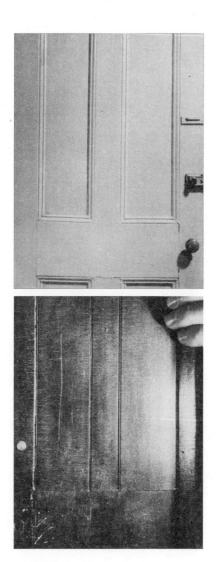

이 사진만으로 전개된다. 사진은 모두 여백이 전혀 없이 페이지 전면에 인쇄되어 있다. 이야기는 책을 펼치고 내지를 넘겨 보아야 비로소 시작되는 것이 아니라 앞표지부터 곧바로 시작된다. 일종의 '반전'이 일어나는 순간부터는 우리는 문자 그대로 책을 180도 돌려서('轉') 흡사 세로쓰기로 된 옛날 책을 읽듯 페이지를 지금까지와는 반대로('反') 왼쪽에서 오른쪽으로 넘겨 가며 봐야 한다. 이렇게 뒤표지까지 가고 나서 우리는 다시 오른쪽에서 왼쪽으로 페이지를 넘기며 이야기를 거꾸로 돌려볼 수도 있다. 이 책의 오묘함을 체험하려면 그것을 물리적으로 직접 경험하는 수밖에 없다. 세부를 보기 어렵다는 단점이 있지만 유튜브에 올라와 있는 8분 남짓한 동영상을 통해 경험을 대신할 수도 있겠다. 신기해하고 감탄하고 의아해하며 앞서 지나친 페이지를 다시 살피기도 하고 책을 180도 돌려 페이지를 왼쪽에서 오른쪽으로 넘기기도 하다 보면, 문의 이편과 저편의 세계가 얼마나 우아하게 맞닿을 수 있는지 목도하게 되는 순간이 온다. 문의 이편과 저편이, 그리고 순행과 역행이 맞물리는 구조는 스노우가 만든 첫 디지털 장편영화인 《코퍼스 칼로섬》 같은 작품에서도 엿볼 수 있다.

•

정확히 밝히자면, 'PI'는 이 책의 출판사인 프라이머리 인포메이션 (Primary Information)을, 'LI'는 공동 출판자로 참여한 뉴욕의 대안적 영화 공간 라이트 인더스트리(Light Industry)를 가리킨다.

보잘것없는 영화에서 서사적 반전이라는 장치는 일시적으로 놀라움을 주는 조악한 술수에 지나지 않는다. 하지만 여기서 스노우가 도입하고 있는 물리적 반전은 책을 구성하는 모든 요소에 우리의 감각을 온전히 열어둘 수 있게 하는 장치다. 그러니까 여기서 지금 『표지에서 표지로』의 이야기를 간략하게나마 기술하는 일마저 꺼리고 있는 것이 스포일러를 피하기 위해서는 아니다. 이 책의 이야기를 기술하기 위해서는 사진은 물론이고 이미지 일반과 관련된 지각심리학적 언급을 피할 도리가 없다. 또한 장방형의 종이 다발을 묶어 좌우로 펼쳐지게 배치한 책이라는 물질적 형태 자체의 특성에 대해 말하지 않을 수 없다. 전시회 카탈로그를 비롯한 여러 미술 서적들의 구성 방식과 관련해서 우리가 지닌 통념에 대해서도 숙고해 봐야 한다. 이 책의 이야기는 사진적 프레임의 내화면과 외화면을, 허구적 세계 일체로서의 디제시스의 안과 밖을, 그리고 종이 위에 인쇄된 이미지의 세계와 그것을 보는 우리의 세계를 부지런히 오가며 서로 잇대고 다시 나누는 작업으로 특징지어진다. 상투적으로 들릴 위험을 무릅쓰고 말하자면, 여러 차례 꼬아 만든 뫼비우스의 띠를 다시 몇 등분해 잘라내 만든 형상이라고나 할까?

『표지에서 표지로』의 이야기를 요약하는 일이 불가능한 것은 아니다. 여하간 그것은 형언가능하다. 그러기 위해서는 적지 않은 지면이 소요되겠지만 말이다. 이 말은 곧 이 책의 이야기를 언어적으로 기술하다 보면 꽤 번잡해질 것이라는 뜻도 된다. 하지만 이는 『표지에서 표지로』를 접하는 독자의 경험과는 전연 다른 것이다. 이 책의 우아함은 그것이 주는 단순성의 감각과 불가분의 관계에 있다. 앞에서 나는 홍상수의 《클레어의 카메라》에 대해 논하며 이 영화의 인물과 사건 들에 대한 언어적 기술은 무척이나 번잡한 형태를 띨 수밖에 없는데 정작 영화 자체는 보고 있는 내내 그 투명함으로 우리를 홀린다고 지적했다. 나는 이를 사진적 명료함이 영화에 이식된 결과라고 보았다. 『표지에서 표지로』는 별다른 기술적 장비나 설비 없이도 그 명료함으로 지극히 복합적인 세계를, 어쩌면 영화 자체를 산출해 내고야 마는 책이다. 그런데 그렇게 산출된 영화를 잘 들여다보면 그저 사진일 뿐 그 이외의 아무것도 아니다.

식물성의 유혹

사진 들린 영화

초판 1쇄 인쇄	2023년 10월 23일
발행	2023년 10월 31일

지은이	유운성
편집	박지수
디자인	물질과 비물질

펴낸곳	주식회사 보스토크프레스
펴낸이	김현호
등록	2016년 9월 7일
	서울 제 25100-2016-000075호
주소	서울시 마포구 망원로 1-5

홈페이지	vostokpress.net
전화	02-333-6602
팩스	02-333-6605
이메일	vostokon@gmail.com

ISBN	979-11-7037-056-7(03680)
값	18,000원